跨区域贸易协同创新文丛

中韩移动支付比较研究

ZHONGHAN YIDONG ZHIFU BIJIAO YANJIU

单艺 著

中国政法大学出版社

2023·北京

声 明　1. 版权所有，侵权必究。
　　　　2. 如有缺页、倒装问题，由出版社负责退换。

图书在版编目（CIP）数据

中韩移动支付比较研究/单艺著. —北京：中国政法大学出版社，2023.8
ISBN 978-7-5764-1168-3

Ⅰ.①中… Ⅱ.①单… Ⅲ.①移动通信－通信技术－应用－支付方式－比较研究－中国、韩国 Ⅳ.①F832.6-39 ②F833.126.6

中国国家版本馆CIP数据核字(2023)第200466号

书　名	中韩移动支付比较研究 ZHONGHAN YIDONG ZHIFU BIJIAO YANJIU
出版者	中国政法大学出版社
地　址	北京市海淀区西土城路 25 号
邮　箱	bianjishi07public@163.com
网　址	http://www.cuplpress.com (网络实名：中国政法大学出版社)
电　话	010-58908466(第七编辑部) 58908334(邮购部)
承　印	北京九州迅驰传媒文化有限公司
开　本	880mm×1230mm　1/32
印　张	8.125
字　数	200 千字
版　次	2023 年 8 月第 1 版
印　次	2023 年 8 月第 1 次印刷
定　价	42.00 元

目　录

第一章
绪　论　　　001

第一节　研究背景　　　001
第二节　研究目的及意义　　　004
第三节　研究方法及构成　　　005

第二章
理论背景　　　008

第一节　理论研究背景　　　008
第二节　移动支付的概念和特征　　　016
第三节　移动支付的相关理论　　　027
第四节　发达国家的移动支付发展情况　　　041

第三章
中韩移动支付发展过程及现况分析　　　049

第一节　韩国和中国移动支付分类项目比较　　　049
第二节　中韩移动支付分类构成特征比较　　　058

第三节 中国移动支付的发展过程 063

第四节 中国移动支付的环境分析 066

第五节 中国移动支付的市场规模 074

第六节 韩国的移动支付发展过程 092

第七节 韩国移动支付服务的增长背景 104

第八节 韩国移动支付市场规模 106

| 第四章
中韩代表性移动支付企业及发展比较 111

第一节 韩国代表性移动支付企业 111

第二节 中国代表性移动支付企业 119

第三节 中韩代表性移动支付企业比较 127

第四节 中国的移动支付业务在国际扩展方面存在的
问题与展望 133

| 第五章
中韩移动支付制度存在的问题 136

第一节 韩国移动支付制度存在的问题 136

第二节 中国移动支付制度存在的问题 145

| 第六章
中韩移动支付制度的解决方案及启示 153

第一节 韩国移动支付制度的解决方案 153

第二节 中国移动支付制度的解决方案 157

第三节 中国移动支付系统的发展方向和建议 164
第四节 中国移动支付对韩国的影响 168

第七章 结　论 172

附　录 174
附录1：中华人民共和国电子商务法 174
附录2：非银行支付机构条例（征求意见稿） 192
附录3：韩国电子商务基本法 217
附录4：2017年支付体系运行总体情况 230
附录5：2020年支付体系运行总体情况 238
附录6：2022年支付体系运行总体情况 244

第一章
绪　论

第一节　研究背景

全世界信息和通信技术的发展正在加速金融业的变化。Fintech 是金融和科技的复合词，是指利用信息通信技术（ICT）对现有金融业进行创新。通过 IT 技术以及使用智能设备处理存款、货款和资产管理等各种金融服务的金融和科技融合的产业，进而产生新的业务模式、应用程序、流程或产品。金融科技的代表性技术是移动银行服务，例如，Kakao Pay、PayPal、支付宝等，以及常规使用的电子钱包。

直到 20 世纪 50 年代，金融机构的付款都是纯粹的银行付款，但是随着 20 世纪 50 年代信用卡的问世，消费者和企业经历了新的付款过程。就是说，用信用卡代替了现金或支票等纸质付款方式，使用现金的不便消失了，信贷公司的购买力得以扩大。在此过程中，银行必须在支付市场上与非银行信用卡公司竞争。

20 世纪 90 年代，随着互联网的普及，电子商务成为可能，可以在在线空间中购买商品或使用服务，并且为了实现这一点，在互联网上使用了诸如信用卡、借记卡或银行转账之类的现有付款方式。在这种背景下，网上银行的兴起起了重要作用，金融科技遍布于包括在线支付、网上银行、海外电子汇款、在线贷款和在线个人资产管理等广泛领域。其中，在线支付目前是金融科技中最重要的领域。此外，最近在使用移动智能手机的电子支付领域引入了多种创新金融服务，这已成为金融科技发展的最重要动力。过去，随着互联网电子商务的发展，基于互联网的电子支付迅速增长。基于互联网的电子支付出现在用网上银行或基于信用卡等电子支付代替线下现金交易的过程中。但是，最近移动支付的增长速度比互联网支付快得多。

在中国，移动支付的最新发展不仅仅是在用移动电子商务代替互联网电子商务的过程中简单地用移动支付代替互联网支付，还有更多的意义。因为基于智能手机的移动支付平台正在迅速取代在线支付和线下支付。

在中国金融科技发展过程中，支付宝等移动支付平台集合了在线和线下支付，不仅包括"现金"，还包括替换现有的电子支付方式如信用卡等，很受市场欢迎。

众所周知，使用智能手机进行移动支付在中国已得到广泛使用。在中国无论是高档餐厅还是出租车司机，抑或是街头小贩都可以实现移动支付，通过扫描二维码来收款意味着人人都可以成为商家，卖家需要做的就是把打印好的个人账户收款二维码贴在醒目的地方然后等着收钱即可。

艾媒咨询数据显示，中国的移动支付在2018年达到274.4亿元人民币，位居世界第一。中国人民银行发布的数据显示，截至2020年底，中国移动支付业务达到1232.20亿笔，金额达到432.16万亿元人民币（约73 467万亿韩元），移动支付市场规模连续三年位居世界第一，在新冠疫情期间发挥了重要的惠民作用。[1]

此外，中国正在快速建立金融服务环境，在此环境下仅使用手机支付服务而不使用现金或其他银行卡和信用卡来进行各种金融结算活动，也不会带来任何不便。

凭借易于线上和线下使用的移动支付服务环境，截至2020年12月，中国的移动支付用户数量已超过8.5亿。根据中国互联网络信息中心（CNNIC）的数据，中国所有手机用户中有86.4%的用户使用线上和线下移动支付。实际上，几乎所有经常使用金融交易的中国人都已经在使用移动支付服务。

而韩国的移动支付服务的普及率相对较低，这和中国形成很大的反差。根据韩国银行的数据，截至2017年11月，韩国只有26.1%的移动支付服务使用移动设备来支付线上和线下商店的购买费用。

因此，中国通常使用移动支付（占82.4%），而韩国则很少使用移动支付（占26.1%），这个数字非常清楚地显示了韩国和中国金融科技行业的现状。

尽管韩国是世界上经济发展较快的国家，但金融科技行业却远远落后于中国。韩国的整体金融业在许多方面都领先于中国，唯独金融科技方面似乎远远落后于中国。因此，有必要研究中韩之间在金融科技上的差异是否由于中国的移动支付行业比韩国发达得多而造成的。

全球金融科技行业的发展与移动支付的发展紧密相关。这是因为智能手机的发展通过创建包括线上和线下的各种创新业务模型来推动金融科技行业的发展。因此，将中国与韩国的移

---

[1] 相关数据参见《2020年支付体系运行总体情况》。

动支付平台的现状进行比较，可以提出改善韩国移动支付的方法，以及对金融科技行业发展的政策建议。

此外，中国正在通过各种政策帮助在邻国扩大阿里巴巴和腾讯移动支付的使用。40多个国家或地区可以使用阿里巴巴的支付宝进行移动支付。腾讯移动支付也已在25个国家或地区提供移动国际支付。重视中国移动支付金融服务的国际化将为未来韩国金融服务的国际化提供重要的政策保障。

本书将重点讨论中国和韩国移动支付的业务模型，通过比较两国的移动支付业务模型和发展过程，我们得出结论，总结出韩国和中国的移动支付系统的问题和解决方案以改善目前的支付业务模型。

第二节　研究目的及意义

本书将重点研究中国移动支付平台的商业模式。这是因为对这种商业模式的研究可以从以下三个方面进行政策启示。首先，在本书的第二章中，我们将研究中国的移动支付系统与韩国的移动支付系统有何根本不同，以及移动支付系统如何成为支付宝等移动支付提供商增长的驱动力。在韩国，通过移动支付减轻小企业的支付费用负担最近已成为一个社会现象。但是，如果移动支付服务商的商业模式不明确，这样的支付降费政策将难以维持，而政策的临时干预可能会成为建立长期高效的移动支付业务的障碍。研究中国的支付系统配置和商业模式与韩国有何不同，可以提供这方面的政策启示。

其次，分析支付宝和腾讯等移动支付提供商的金融服务发展进展。在发展移动支付业务的过程中，保障用户信任是一项非常重要的关键任务。中国移动支付提供商并没有在短时间内推出各种金融服务,而是在长期确保用户信任的同时,依次扩展了各种金融服务和现实生活中的线上到线下(O2O)服务。特别是,本书第三章对中国移动支付提供商历史经验的分析有助于制定政策,缩短韩国移动支付提供商确保用户信任的周期。

最后,中国移动支付平台最近一直在尝试扩大在周边国家的使用,本书第四章要分析中国移动支付平台的国际化现状和前景。这项研究将能够为韩国金融业的国际化以及国际金融体系的国际化提出政策建议。

第三节 研究方法及构成

一、研究方法

(一)文献研究法

为了研究上述内容,采用基于各种文献、研究论文、统计数据和法律规则的文献研究法。采用文献研究法,广泛查阅与移动支付、电子支付相关的书籍、期刊、博士论文、网络资料等理论文献。还参考中国的电子商务法、民法典以及中国有关移动支付解决方案战略的各种行业规则和政策,以明确移动支付的定义特征和相关理论。通过对文献进行系统的整理、分析、比较、归纳,保证了研究的基础数据库和文献基础。

(二)案例分析法

案例分析法主要针对第二章发达国家移动支付现状的案例,对特定的研究课题进行适当的案例分析。在第五章中,通过中国移动国际支付扩张的几个具体例子来了解全球移动支付的现状。

（三）比较研究法

采用比较研究的方法对移动支付业务模式的特点进行比较分析，并参考韩国银行和中国人民银行的支付运行状况报告对韩国和中国的移动支付进行分类。为了更好地了解中国移动支付的发展历程和成长历程，本书第三章比较分析了两国之间的差异。

二、研究构成

在韩国，几乎没有关于中国移动支付的研究以及关于韩国和中国的移动支付的比较研究。原因是韩国和中国的金融体系之间存在很大差异，并且人们普遍认为中国的金融体系相对欠发达。因此，在韩国，对中国金融体系的研究主要是简单地介绍中国独特的金融体系。综上所述，本书通过比较中韩两国移动支付商业模式和发展进程，总结韩国和中国移动支付系统存在的问题和解决方案，以期完善现有的移动支付模型。本书主要由七章组成。

第一章为绪论部分，阐述了研究的背景和目的、研究方法和构成。

第二章分析了前人的研究，阐释了移动支付的概念和特点。此外，还研究了与移动支付相关的理论——分工理论、双边市场理论和长尾理论。

第三章分析了中韩移动支付的发展历程和环境，以及中韩移动支付的市场规模。换言之，我们将考察中国移动支付的现状和发展进程，考察中国的移动支付系统结构与韩国的根本不同。通过了解中国移动支付的发展历程和市场规模，可以更好地了解中国移动支付快速发展的原因。

第四章分别列举了中韩两国代表性移动支付企业发展历程及使用状况，着重对比分析了阿里支付和三星支付的发展战略方案，更加具体地让人们了解了移动支付的发展前景以及发展方向。

第五章分析了中国和韩国移动支付制度存在的问题。此外，中国的移动支付平台最近也在尝试扩大在周边国家的使用范围。

第六章论述了中国和韩国移动支付发展过程中存在问题的解决方案，并分析了中国移动支付平台的国际化现状和前景。

第七章总结了本书得出的结论并提出启示。这项研究将为中国和韩国金融业的国际化以及国际金融体系的国际化提出政策建议。

第二章
理论背景

第一节 理论研究背景

本书的研究思路是,以移动支付系统三大组织结构为基础,沿着了解用户需求偏好的脉络,基于分工理论、双边市场理论和长尾理论对支付市场的分析,对比中韩两国移动支付市场的发展现状与存在的问题,寻求解决方案,以期服务于移动支付的行业实践。Dahlberg、Guo 和 Ondrus（2015）分析了 2007 年至 2014 年在 87 个主要研究期刊上发表的 188 篇关于移动支付的论文。根据这项研究,移动支付的研究可分为以下几块：（1）消费者研究；（2）技术工程研究；（3）移动支付提供商和市场研究；（4）法律和制度研究；（5）其他领域研究。

一、消费者移动支付采纳因素及使用意愿研究现状

当前关于消费者移动支付采纳行为及使用意愿影响因素的研究是整个移动支付研究的主体,回顾此类研究代表性的研究文献,国内外的研究大致可以分为两类：第一类是基于特定理论对移动支付采纳及使用意愿的影响因素开展研究；第二类是

不同支付工具间使用行为的对比研究，以下分别对上述两类研究进行综述。

第一类研究是当前移动支付研究的主流，其基本的研究前提是，了解消费者的采纳行为及使用意愿的影响因素，有助于理解用户移动支付选择的真实需求，对移动支付服务商改进支付服务、制定市场策略提供支持。该类研究主要以比较成熟的理论为基础，如技术扩散理论（Rogers，1995[1]）、理性行为理论（TRA）（Fishbein & Ajzen，1975[2]）、计划行为理论（TPB）和技术接受模型（TAM）（Davis，1989[3]）、整合型技术接受模型及其修正（UTAUT，UTAUT2）（Venkatesh et al.，2003[4]，Venkatesh et al.，2012[5]）等，侧重于分析消费者移动技术采纳或使用意愿的影响因素，主要研究因素有感知易用性、感知有用性、信任、风险、人口特征、安全等因素。代表性的研究有，Morosan（2016）基于 UTAUT2 模型为理论框架，以结构方程模型为研究方法，研究了消费者对于近场通信（NFC）移动支付在酒店行业的使用意愿，探讨了效率预期、便利条件、努力期望、社会影响、感知风险、隐私保护等因素对于消费者使用意愿的影响，其中效率预期、社会影响、享乐性对使

---

[1] Rogers E. M., Diffusion of innovations, Simon and Schuster, 1995.

[2] Fishbein M., Ajzen I., Belief, Attitude, Intention and Behavior: An Introduction to Theory and Research, Reading, MA: Addison-Wesley Publishing Company, 1975.

[3] Davis F. D., Perceived Usefulness, Perceived Ease of Use and User Acceptance of Information Technology, MIS Quarterly, 1989, 13 (3): 319-340.

[4] Venkatesh V, Morris M. G., Davis G. B, et al., User Acceptance of Information Technology: Toward a Unified View, MIS Quarterly, 2003, 27 (3): 425-478.

[5] Venkatesh V., Thong J., Xu X., Consumer acceptance and use of information technology: extending the unified theory of acceptance and use of technology, MIS Quarterly, 2012, 36 (1): 345-367.

用意愿有较强的正向促进作用，感知风险对使用意愿有负向影响。[1]

中国方面，移动支付采纳行为及使用意愿影响因素的研究也占据了文献的最大比例，代表性的有陈华平等（2006）以整合型信息技术接受与使用模型（UTAUT）为理论基础，采取结构方程模型的方法，研究了移动支付使用行为，结果显示社会影响对移动支付使用意愿有最显著正向影响，其次是期望效用，而便利条件对移动支付的使用无显著影响；[2]杨水清等（2012）基于 TAM 理论框架，以结构方程模型为研究方法，对移动支付初始采纳意愿进行了深入的研究，认为感知风险和感知成本对采纳意愿存在负向影响；个体创新、社会影响对移动支付的初始采纳意愿具有直接和间接的双重正向影响[3]；李凯等（2013）基于交换理论视角，以结构方程模型为基本方法，对移动支付的影响因素开展了深入的研究，认为个人创新性、移动支付的便利性等因素会正向影响用户的感知价值并最终影响其使用移动支付。[4]

韩国方面，김수현、안암（2015）以中国移动支付市场份额最大的阿里巴巴为研究对象，从移动支付服务特征（易用性、安全性、有用性），用户个性化（优惠政策，个性化）方面对支

---

［1］ Morosan C., Defranco A., It's About Time: Revisiting Utaut2 to Examine Consumers' Intentions to Use Nfc Mobile Payments in Hotels, International Journal of Hospitality Management, 2016, 53（5）：17-29.

［2］ 陈华平、唐军："移动支付的使用者与使用行为研究"，载《管理科学》2006 年第 6 期。

［3］ 杨水清、鲁耀斌、曹玉枝："移动支付服务初始采纳模型及其实证研究"，载《管理学报》2012 年第 9 期。

［4］ 李凯、孙旭丽、严建援："移动支付系统使用意愿影响因素分析：基于交换理论的实证研究"，载《管理评论》2013 年第 3 期。

付用户进行了调查。[1]김상현、박현선（2017）通过以往的研究提取了影响用户对移动支付服务的抵制行为的因素，并进行了实证分析，结果证实负面社会影响，回避风险倾向，不信任现有的服务表现出对感知风险显著的影响。[2]장태락、이종호（2016）通过 UTAUT2 模型的感知风险调查了移动支付服务的使用影响因素，发现享乐动机与习惯对使用意图产生重大影响，感知风险对移动支付服务的易用性产生负面影响。[3]고창현、한은경（2016）研究了个人创新意图对移动支付属性与持续使用意愿之间关系的影响。研究结果表明，移动支付产生便利性、过度消费、个人信息泄露、使用复杂性、支付安全性以及对移动支付的信任等影响。在移动支付中，便利性、结算安全性和对移动支付的信任三个因素对持续使用意图具有积极影响。另外，诱导过度消费对持续使用的意图产生负面影响。个人创新性对便利性、安全性和持续使用意愿之间的关系产生调节作用。当个人具有高度创新性时，他们的使用意图会不断提高。

　　从研究方法上，以上研究以结构方程模型的使用最为集中，也有部分研究采取焦点小组访谈和案例研究法；在研究对象上，通常以移动支付或其他移动支付服务作为单个研究对象，通过问卷收集的数据、实际的交易数据或跨时期的截面数据等，研究消费者对于移动支付采纳行为及使用意愿的影响因素。

---

　　[1] 김수현、안암："影响接受阿里巴巴移动支付服务意愿的因素——以中国为例"，载《韩国学术协会论文集》2015 年第 12 期。
　　[2] 김상현、박현선："个人和技术特征对移动支付服务感知风险和接受阻力的影响研究"，载《数字融合研究》2017 年第 12 期。
　　[3] 장태락、이종호："移动支付服务使用意愿研究"，载《e-商业研究》2016 年第 6 期。

二、多场景下的移动支付影响因素研究

通常移动支付仅是一种可选且不是唯一可选的支付工具，移动支付的使用必然要受到已有支付工具的影响，因此，有必要考察多种支付工具存在时，消费者对于移动支付使用意愿和选择的影响因素，多名学者开展了类似的研究。Goeke & Pousttchi（2010）研究了多场景下移动支付工具的使用，如支付停车费、购买车票费等；发现移动支付在某些场景下如支付停车费时优势明显，并可满足不受时间、地点约束的转账，对现金、银行卡支付替代明显。[1]

Dahlberg & Öörni（2007）提出了支付习惯的概念，并对比了 11 种支付习惯如现金支付、信用卡支付、电子银行支付、电子合约支付等；通过不同支付工具的对比分析，发现人们对于移动支付的使用受兼容性、已有技能、信任和易用性等影响因素较大。[2]

研究方法上，上述研究主要采取了焦点小组访谈、计量建模回归分析等。

三、对移动支付技术工程方面的研究

移动支付在技术工程方面的研究是继关于消费者使用意愿研究后更为关注的领域。最近，已经有许多与基于近场通信（NFC）

---

[1] Goeke L., Pousttchi K. A., Scenario-based Analysis of Mobile Payment Acceptance [C] //Proceedings of the Ninth International Conference on Mobile Business and Ninth Global Mobility Roundtable, Athens, Greece, 2010.

[2] Dahlberg T., Öörni A., Understanding Changes in Consumer Payment Habits-Do Mobile Payments Attract Consumers [C] //Proceedings of the 40th Hawaii International Conference on System Sciences, 2007.

的移动支付和高速公路移动支付相关的技术研究。Pham & Ho（2015）基于创新扩散理论，采取结构方程模型研究了我国台湾地区消费者采纳近场通信（NFC）移动支付的影响因素，所研究的主要因素有产品易用性、产品有用性、兼容性、感知风险、感知成本、可试用性等，其中产品有用性、兼容性正向影响作用最为明显，感知风险对使用意愿具有较显著的负向影响，感知成本影响不明显。黄莺（2018）从 NFC 技术的实施开始，分析现有的主流 NFC 移动支付应用，研究 NFC 的 SWP 移动支付解决方案和中国移动通信的支付安全机制，并讨论了 NFC 支付技术的未来发展。

在韩国，由于制定了"电子商务支付简便化方案"，废除公认证书，允许 PG 公司保存信用卡信息等，预计 NFC 技术将快速增长。此外，苹果公司在 iPhone 6 中采用 NFC 功能，相关市场也在迅速扩大。最近 NFC 相关技术的快速增长是由于高性能智能手机的快速扩张以及具有 NFC 功能的智能手机比例的快速增长。因此，预计 NFC 将专注于为消费者提供便利和安全。

四、移动支付运营商和市场的研究

对移动支付运营商和市场的研究是一个近期开展研究活跃的领域。例如，有一项研究表明，新移动支付生态系统所需的资产比现有银行具有相对优势。此外，也有研究将新的移动支付结算进军现有支付结算市场的战略分析为网络效应，归属性和转换成本，捆绑及平台战略等。조현아（2015）分析了 2015 年由于移动支付使用的普及以及海外支付和支付市场中新支付技术的出现，网络运营商向移动支付市场扩张。然而，有人指出，韩国国内因为信用卡公司提供的许多现有支付方法，基于

移动信用卡的简单支付服务正在扩大。박병주等人（2017）将韩国国内金融科技服务的支付和结算服务分为便捷支付和汇款服务，并介绍了每个领域的运营商代表。提供便捷支付的分为基于 Naver 和 Kakao 等以平台为基础的信息与通信技术企业，KT 和 SKT 一样的移动通信公司，信用卡公司或银行发行的本地信用卡公司，以及像三星支付和 Payco 一样的公司。便捷汇款服务上，描述了诸如韩国本地电子钱包 Toss 一样在资金转账上简化流程的运营商。SongKyung-suk（2015）在金融科技支付业务模式的研究中分析称，由于韩国金融科技服务的高度监管，在支付服务领域创造价值的可能性最大，价值创造的核心是移动支付。李二亮（2016）认为，有效竞争战略的制定是参与市场竞争的重要依据，在移动第三方支付服务提供商的情况下，只有在有效的竞争战略已经建立并得到有力实施的情况下，才能在支付服务市场中取得竞争优势。但事实上，大多数移动第三方支付服务提供商采用"分化"的促销方式来开发线下支付市场，并在一定程度上忽视了目标群体的细分和用户的实际需求。

五、移动支付的法律制度研究

移动支付的发展依赖于每个国家层面的制度约束，有研究从金融业的比较竞争力、资源限制和路径依赖性角度进行了分析。美国作为移动支付最先兴起的国家，现存的移动支付的相关法律制度和监管体系已经颇为完备。美国移动支付产业的监管采取的是由多个部门配合协调的较为宽松的分头监管方式，而非将所有监管职能统一由一个部门执行的专门监管模式。移动支付市场在密切而高效的监管之下，消费者的合法权益、支付系统的安全性、信息和隐私保护等重点领域得到了有力保护和有效保障。欧盟对移动支付的监管，并未单独制定专业性的法律监管框架体系，而是将相关的法律规定分散于各类移动支付相关的支付条例与电子货币指令等一些法律文件中。[1]日本的国内法对包括移动支付业务在内的电子支付、电子商务领域的监管立法，已经形成了颇为完善、较为统一的法律规范框架体系。[2]中国自 2004 年以来，陆续颁布了一系列的法律文件，用于规范电子商务、网络支付等业务的市场秩序，最近颁布的有由中国人民银行颁布的《非银行支付机构网络支付业务管理办法》《关于加强支付结算管理防范电信网络新型违法犯罪有关事项的通知》。蔡佳奇（2018）指出，中国移动支付监管中存在法律责任边界划分不明、监管职责不明、法律设施不健全等问题。[3]王荣（2018）总结，采取健全移动支付的法律体系、明确移动平台的法律监管主体、加强备付金制度等措施进一步提高移动支付平台的监管水平。[4]韩国 2007 年 1 月 1 日开始实施电子金融交易法，这是规定通过电脑、ATM、电话等电子设备进行金融交易的交易法规，同时也是对电子金融业经营和监督的事业法规。[5]为了促进支付领域的融合，随着各种支付服务提供商出现，韩国依据 2013 年银行改革法案于 2014 年 4 月支付系统的监管部门与金融监管局（FCA）分开，建立支付系统监管机构（PSR）。今后韩国政府将着眼点落在移动支付业务中的法律风险防范问题上，并尝试通过

---

[1] 李真："从'付之阙如'到有效规制：比较法视域下我国移动支付法律监管之探讨"，载《浙江金融》2014 年第 4 期。

[2] 赵世卓、宋颖："日本针对电子和移动支付的政策环境"，载《世界电信》2010 年第 11 期。

[3] 蔡佳奇："浅析移动支付的法律规制"，载《北方经贸》2018 年第 3 期。

[4] 王荣："移动支付的法律风险及其监管措施探讨"，载《法制博览》2018 年第 32 期。

[5] 나승성："移动支付中的法律问题"，载《科技法律研究》2010 年第 1 期。

一系列的多项立法,在立法层面上对移动支付进行规范和约束,达到防控移动支付法律风险的目的。서희석(2016)专注于韩国电子支付法律法规的现状研究中的整合移动电子支付,尤其从2016年开始,专注于扩大移动支付的法律和体制方面。以本人认证方式的公认认证书的业务使用规则逐步完善,并且所谓的简单支付已经扩大,金融科技也得以发展,这方面引起了人们的注意。

第二节 移动支付的概念和特征

一、移动支付的概念

（一）移动支付的由来和概念

付款是指消除经济活动产生的债权和债务并通过货币价值转移处理债权和债务的行为。当使用商品或服务并支付费用时,通常使用各种支付方法,例如现金、支票、信用卡、账单和银行转账。其中,现金本身就完成了结算。但是,大多数付款要求货物和服务的付款人向收款人支付其账户中的款项（付款,payment）,计算金融机构之间的付款金额（清算,clearing）,最终,资金从付款人的账户转移到收款人的账户（结算,settlement）。

最初,支付服务已被公认为银行等金融公司的固定业务,但近年来,非银行金融公司甚至非金融公司已介入支付服务领域。由于信息和通信技术（ICT）的发展,过去几年中,非银行金融公司或非金融公司的支付服务扩展,在支付结算的数字化（按照韩国标准划分叫电子支付结算）方面发展迅速。

电子支付是指在消费者、商家和金融机构之间使用安全电子手段把支付信息通过信息网络安全地传送到银行或相应的处理机构,用来实现货币支付或资金流转的行为。移动支付是电子支付的一种特殊形式。过去，在引入移动支付之前电子支付是通过电汇、银行卡、信用卡、自动柜员机（ATM）进行的。

但是明确定义移动支付并非易事。有研究人员称，移动支付就是银行的手机银行，但这不包括诸如中国快速成长的支付宝等非银行支付公司，于是就出现了问题。由于移动支付属于新兴事物，其实现形式也多种多样，所以目前还没有能普遍接受的严格定义。当前，各国组织和学者对于移动支付的定义繁多，加之移动支付自身的内容也在不断丰富，对于概念没有一个统一的标准。本书通过大量的文献研究，认为当前定义的侧重点有以下两种。

一种是侧重于支付手段上对新技术的应用，根据移动电子业务组织（Mobile Electronic Transaction）的定义，移动支付是指借助手机、掌上电脑、笔记本电脑等移动通信终端和设备，通过无线方式进行的消费支付、大额转账、缴费等商业交易的活动。移动支付论坛（Mobile Payment Forum）认为，移动支付是指交易双方为了某种货物或者服务，通过移动设备进行的商业交易。移动支付所使用的移动终端可以是智能手机、掌上电脑、移动个人电脑等。这两种定义都把移动支付看作用先进的终端设备来完成原有的支付流程，将固定的终端支付设备改进为可移动的、便捷的设备。

另一种则是侧重于移动支付的服务功能，柯新生（2004）指出，移动支付业务是一项跨行业的服务，是电子货币与移动通信业务相结合的产物[1]。移动支付丰富了银行服务的内涵，使人们随时随地享受银行服务，同时，移动支付是移动运营商提高电信运营商收入的一种增值业务。移动支付论坛把移动支付描述为一种使用手机进行消费的功能。它依托银行卡丰富的理财功能，充分发挥手机移动性、便利性等特点，为广大持卡

---

[1] 柯新生：《网络支付与结算》，电子工业出版社2004年版，第318页。

人、手机用户提供超值个性化金融服务。[1]

综上所述,本书将移动支付定义为一种包含支付类业务各种功能的综合性新服务。该服务以移动通信终端为支付工具,以银行卡账户为资金支持,通过短信息、IVR、WAP、RFID[2]等技术实现方式,完成用户购物消费、转账、缴费、查询余额等操作行为,并反馈交易结果和账户变化信息。相关服务包括阿里巴巴的支付宝,腾讯的微信支付,eBay,PayPal,三星的三星支付和苹果公司的 Apple Pay 等。

(二) 移动支付和第三方支付的联系

随着移动支付的发展,出现一些与移动支付相近的词,其中第三方支付的说法最为常见,移动支付与第三方支付的区别如下。

1. 概念上的区别

移动支付借助于手机等移动终端对所消费的商品或服务进行账务支付的一种服务方式,有远程支付和近场支付两种方式;平时接触到的短信支付、扫码支付、指纹支付、声波支付等都是移动支付的不同种类。第三方支付是指具备一定实力和信誉保障的独立机构,通过与网联对接而促成交易双方进行交易的网络支付模式中。在第三方支付模式,买方选购商品后,使用第三方平台提供的账户进行货款支付(支付给第三方),并由第三方通知卖家货款到账、要求发货;买方收到货物,检验货物,并且进行确认后,再通知第三方付款;第三方再将款项转至卖

---

[1] Romao A., Mira Da Silva M., Silva A., Secure electronic payments based on mobile agents, Distributed and Parallel Databases, 2000, 8 (4): 447-470.

[2] IVR 互动式语音应答,用户电话直接进入服务中心,根据操作提示收听手机娱乐产品,也可以根据用户输入的内容播放有关的信息。WAP 无线应用协议,是一项全球性的网络通信协议。RFID 射频识别技术,又称电子标签、无线射频识别,是一种通信技术,可通过无线电信号识别特定目标并读写相关数据。

家账户。[1]第三方支付从概念上来说,指的是公司的运营机制,采用的是支付结算方式。

2. 支付流程的区别

移动支付的交易流程一般涉及四个环节:消费者、出售者、发行方和收款方。其中发行方和收款方应该是金融机构。由消费者触发交易行为,出售者提供交易说明,在接收到消费者的交易行为的请求时,开始响应,收款方在得知出售者和消费者的行为后,收到消费者的款项,再把款项打回给出售者,在这中间有些收款方会收取部分手续费或者免费,最终发行方为消费者提供账单服务。在第三方支付交易流程中,支付模式是商家看不到客户的信用卡信息,避免了信用卡网络公开传输后导致的信息盗窃行为。以 B2C 交易为例,客户在电子商务网站中选购需要购买的商品后,选择利用第三方作为交易中介,使用信用卡将货款划到第三方账户上,第三方支付平台将买方已经付款的消息通知商家,并要求商家在规定时间内发货,发货的同时买方会收到通知,在买方收到货物并验证后,第三方将其账户上的货款划入商家账户,完成交易。

二、移动支付的特征和分类

(一) 移动支付的特征

1. 便捷性

移动支付主要指手机支付,手机可以随时携带的特性让用户可以随时随地购买商品和服务,移动性使移动支付完全突破了时间、空间的限制,省时省事。在线上,用户可以全天二十

---

[1] 参见网址:https://blog.csdn.net/wx15555176694/article/details/83346854。

四小时购买商品和服务，完成支付交易。用户不需要跑银行网点就可以完成资金的收付、转移，非常便捷。在线下，出门无须携带现金，带上手机即可轻松支付各种消费账单，无须找零，资金实时到账，避免了现金携带过程中可能遇到的风险。

2. 实时到账且手续费更低

移动支付结算高效，资金实时到账。用户通过登录手机终端可以对自己账户余额、账单、理财服务等信息进行实时查询，突破了时间的限制。同时，移动支付行业竞争激烈，降低手续费成为吸引用户的一个重要手段。在银行的网点进行转账汇款时，通常需要根据同城异地、行内行外的不同情况收取相应的手续费，但客户通过手机银行App转账汇款时收取的手续费更加低廉，甚至无须手续费。而以支付宝为代表的第三方支付平台，也推出了支付宝转账提现新政策：不限次数不限额，无手续费秒到账。客户通过网上银行，可以实现支付宝与银行卡免手续费转账提现，一切手续费都由网上银行承担，个人网上银行可以绑定15张卡，即便跨行转账也可以免手续费并且转入转出不限额度不限次数。

另外，Kim等（2007）发现，感知成本对移动互联网的感知价值有显著影响。感知服务成本也被认为是一个意图使用无线金融服务、手机银行和移动商务交易的重要决定因素。[1]在移动支付的背景下，移动支付的交易成本通常包括购买物品的价格。消费者在消费时会避免使用移动支付带来的溢价，否则将拒绝使用移动支付。例如，在使用自动售货机的服务时，移动支付的成本通常要比现金支付高，因此消费者会选择现金支付。

---

［1］Kim, Chan, H. C, Gupta S., Value-based adoption of mobile internet: an empirical investigation, Decision Support Systems, 2007, 43 (1): 111-126.

3. 集成性

消费者将他们的日常生活通过支付系统整合起来是集成性的一方面体现。集成性是移动技术和服务采用的一个极其重要因素。移动支付平台为每位用户提供一个独一无二的支付账户，用户通过该支付账户进行资金往来。平台连接了移动运营商、平台提供商和金融机构，不但为客户提供了相当于电子钱包的支付账户，还为用户提供了各种便利的消费场景，如超市、交通、酒店、代缴水电费、充话费、理财投资等，服务范围广泛全面，集多种消费场景于一体。用户通过登录手机终端就可以享受多方面的服务。

4. 定制性增强用户黏性

在传统的支付方式中，银行等金融机构提供什么样的支付方式，那么消费者和商户就必须使用，但是移动支付主要以服务好商户和消费者为目的，以消费者的需求为创新的出发点，打造多种支付方式，消费者和商户可以根据自身的需要选择自己习惯的支付方式，如指纹支付或者短信支付。同时，移动支付使得用户的消费记录得以很好地保存，如果商家的商品得到用户的认可，那么用户只要翻看交易记录就可以准确地找到商家，进行下一次交易。而传统支付一旦交易完成，就很难建立这种联系。对于移动支付平台来说，如果平台建设得好，就能吸引大量的用户在平台上购买商品和服务，除非信用大减，否则用户也会习惯性地继续使用该平台。

5. 复杂性

复杂性的问题导致了各种各样的支付系统较低的采用率，包括智能卡和手机银行。同样地，是否易用和方便也影响消费者采用移动技术和服务。移动支付通常会增加消费者的便利，减少在小额支付中需要的硬币和现金。[1]然而，移动设备的一些局限性降低了移动技术的可用性。典型的局限性包括有限的传输速度和内存、电池容量小等。例如，当前最复杂的问题是在移动支付方法中使用短信。消息格式通常是复杂和缓慢的，不同的支付密码和付费服务号码很难记住，而且付款说明不容易被找到。除了短信，复杂的注册程序和独立的计费体系也给移动支付的使用带来额外的复杂性。

（二）移动支付的分类

移动支付的分类方式有很多，基于不同的分类标准移动支付可以分为不同的类别。如图2-1所示，常见的移动支付可以根据支付技术、运营主体和支付额度进行不同的分类。

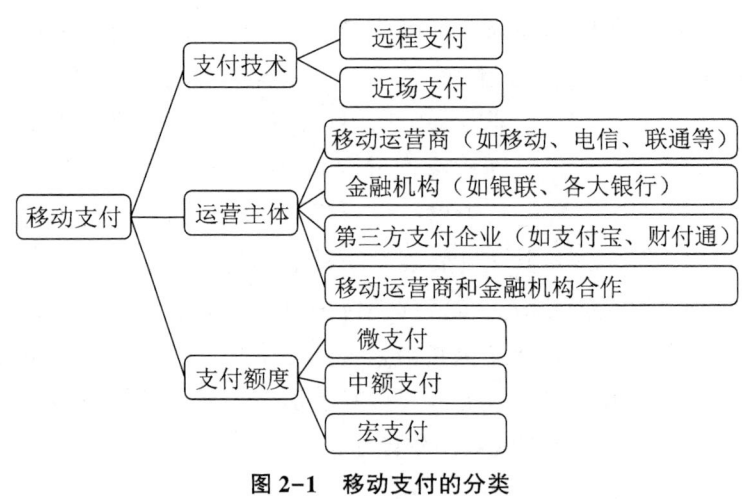

图 2-1　移动支付的分类

---

〔1〕 陈晓颖、邱国栋："第三方移动支付的用户使用意愿研究——基于系统特征和社会影响视角"，载《管理现代化》2017年第5期。

将移动支付按照支付技术进行分类,可以将移动支付分为远程支付和近场支付。远程支付就是通过移动终端发送支付的指令或者借助支付工具进行的支付方式;近场支付就是通过移动终端进行近距离的支付,它是消费者在购买商品或服务时,即时通过手机向商家进行支付,支付的处理在现场进行,并且在线下进行,不需要使用移动网络,而是使用手机射频、红外、蓝牙等通道,实现与 ATM 以及刷卡支付终端(POS)的本地通信。常见的近场支付有云闪付、三星支付、Apple Pay 等。远程支付是通过发送支付指令或借助支付工具进行的支付方式,如线下扫码支付、短信支付等。[1]

将移动支付按照运营主体进行分类,可以分为四类。以移动运营商为运营主体,如中国的移动、联通、电信,韩国的 LG、SK、KT 网络运行公司等;以金融机构为运营主体,如中国银行联合会(以下简称银联)、各大银行等;以第三方支付企业为运营主体,如支付宝、财付通、京东钱包,韩国 Kakao 服务等;还有以移动运营商和金融机构合作为运营主体的。

将移动支付按照支付额度来进行划分,基于交易额的大小,不同的组织有不同的分类。有三个不同的类别:微支付、中额支付和宏支付。最常见的分类是微支付和宏支付。除欧洲银行委员会标准外,一般不包括中额支付。这一分类标准很重要,因为它涉及金融机构的大额支付的安全需求。在不同组织之间,同样类别支付的范围也不同。欧洲行业标准化协会在 TR603 定义一个微支付的付款不到 2 欧元,而 Pay Circle 定义一个微支付

---

〔1〕 Ghezzi A., Renga F., Balocco R., et al., Mobile payment applications: offer state of the art in the Italian market. Emerald Group Publishing Limited, 2010, 12(5): 3-22.

的付款不超过 10 美元。欧洲还定义了中额支付在 2 欧元至 25 欧元之间，宏支付在 25 欧元以上。Pay Circle 不确定中额支付，但宏支付需超过 10 美元。移动支付论坛定义一个微支付的付款不到 10 美元，宏支付为超过 10 美元。三者区别的核心在于安全要求级别不同。宏支付因其涉及的支付金额比较大，对安全的要求比较高；而微支付相对来说，涉及的支付金额小，相对安全。

（三）移动支付的主要商业模式

根据目前全球移动支付行业的发展情况，可以将移动支付的运营模式分为以下三类：以通信运营商为运营主体、以银行为运营主体和以第三方支付企业为运营主体。但是由于市场规模有限，以及国家通信运营商和金融机构的特殊地位，这三种运营模式的界限并不明显，处于胶着状态。

1. 以通信运营商为运营主体的移动支付模式

当通信运营商作为移动支付平台的运营主体时，如图 2-2 所示，通信运营商会将用户的手机话费账户作为移动支付账户提供移动支付服务。用户直接用手机话费进行消费支付，不需要银行参与。在这种模式下，用户所发生的移动支付费用需要全部从话费账户中扣减。这样不但每月的手机话费和移动支付费用难以区分，而且通过这种方式进行的支付额度比较小，不能完全满足用户的消费需求。线上商家主要有签约商户和自建网上商城引入的商户。在中国代表性的平台有中国移动搭建的移动商城平台、电信翼支付以及联通沃易付。移动通信运营商作为用户和平台提供商之间的重要桥梁，主要提供语音、短信、WAP 上网等多种服务，还为支付业务提供多种安全服务。其获得的收益来源有：收取提供商品和服务的商户的佣金，比例为 3%～20%；来自数据流量的收益，用户通过通信网络在手机上进行移动支付购物时会消耗相应的手机流量；沉淀资金收益，用户以话费形式预存在话费账户中的资金产生的额外收入。日本的 NTT Docomo 公司提供的 NFC 服务也是采用这种模式进行运作。[1]

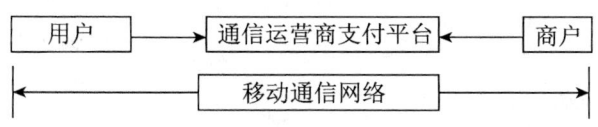

图 2-2 以通信运营商为运营主体的移动支付模式

2. 以银行为运营主体的移动支付模式

在这种运营模式中（如图 2-3），银行需要通过专线与通信运营商的通信网络实现互联，建立独立的支付平台。用户需要将手机账户与银行账户绑定，通过银行卡账户进行移动支付。用户使用不同的银行卡时，需要下载不同银行的手机支付软件。在支付过程中，银行监控所有的交易流和信息流，独立享有用户信息。[2]通信运营商只是充当此业务系统的信息通道，并不参与具体的支付活动。例如，中国大部分银行相继提供的手机银行业务都是自己运营移动支付平台，其业务开展通常包括账户查询、自助转账、金融服务、自助缴费等。在韩国，五大银行联合推出的移动支付业务也是采用的该种商业模式来运作。从支付模式看，由于支付账户就是银行账户，因此账户资金相对比较安全，但是手机银行提供的主要是相关的银行业务，应用范围有限。并且对银行来说，开发和维护的成本也比较高。

---

〔1〕何继杰："STOF 商业模式框架在移动支付业务中的应用"，载《世界电信》2011 年第 3 期。

〔2〕芦阳："浅析我国移动支付商业模式的选择与构建"，载《改革与战略》2012 年第 4 期。

手机银行业务给银行带来的好处主要包括：手机银行账户余额给银行增加了可贷资金；利润分成；手机银行有利于用户黏性的增强以及用户活跃度的增加；减少网点投入经营费用，降低经营成本。

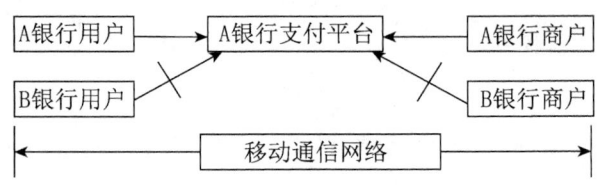

图 2-3　以银行为运营主体的移动支付模式

3. 以第三方支付企业为运营主体的移动支付模式

第三方支付平台是指由独立于银行和通信运营商的第三方支付企业构建的平台服务。第三方支付企业有独立的经营权，通信运营商和银行是平台的合作者，提供相应的服务。在此模式下（如图2-4），通信运营商仅作为信息通道，银行则是最终结算单位以及账户管理者，平台企业作为桥梁联接通信运营商和银行，并构建平台服务于支付用户，负责消费者银行账户与商家银行账户之间的资金划拨。[1] 例如，2010年支付宝推出了"手机安全支付方案"。手机用户将带有支付宝接口的应用软件安装在手机中，通过支付宝账号完成所有付费操作，利用支付宝的平台优势，无须更换手机卡和下载多个银行的支付终端，便可实现多家银行相互转账，降低了用户的使用门槛，有利于整体市场的发展。同时，主要的第三方支付平台比如支付宝、财付通等提供线下扫码支付服务以及近场刷手机支付服务。做

---

[1] 李林、陈吉慧："我国移动支付商业模式发展趋势研究"，载《商业经济研究》2010年第30期。

到了线上线下双重发展,具有明显的竞争优势。第三方移动支付平台提供商致力于为用户提供更加丰富的移动支付场景,吸引客户提高市场竞争力。收入来源主要分为两个方面:沉淀用户资金带来的收益;商家缴纳的服务费以及手续费收入。

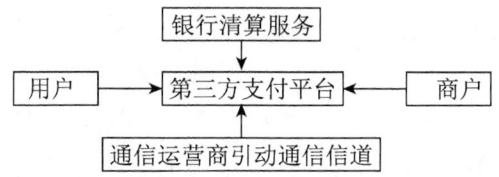

图 2-4 以第三方支付企业为运营主体的移动支付模式

第三节 移动支付的相关理论

一、分工(Division of Labor)理论

1776年3月,亚当·斯密在《国富论》中首次提出了分工的观点,系统论证了分工对提高劳动生产率和增加国民财富的重要作用。亚当·斯密基于人本主义思想,不仅主张以人道主义提高劳动效率,而且提出分工理论,将分工作为资本主义市场经济的基础,从人类独特的社会属性——相互依存的内在需求出发。他还认为,分工的原因是人因天赋而异。[1]亚当·斯密认为利润决定分工,人类生产力的最大提高是分工的结果。分工理论提高了劳动生产率,增加了人们的财富。首先,当分工开始时,产量可以进一步增加,工人可以节省大量时间,而且分工还促进很多劳动减少、缩短时间的机器发明。此外,将工

---

[1] [英]亚当·斯密:《国民财富的性质和原因的研究》,郭大力、王亚南译,商务印书馆2014年版,第43~52页。

人的时间变成了简单的操作,提高了劳动生产率和劳动效率。

美国经济学家阿林·杨格(Allyn Abbott Young)基于亚当·斯密的理论基础,解释了为什么分工提高了生产效率,并认为规模的增加导致生产单位减少,这反过来又增加了家庭收入和购买力,从而扩大了市场。[1]市场规模的扩大加深了分工,分工的深化又进一步扩大了市场规模。这个过程阿林·杨格称之为经济发展。分工取决于市场的大小,而市场的大小取决于分工,两者互相影响。卡尔·海因里希·马克思还具体解释了为什么会形成分工。他认为,社会内部的分工从产业综合体内部的自然分工开始,商品交换导致分工,而分工在某些历史阶段通过产业综合体内部的自然分工导致工厂和手工业内部的分工。马克思的分工理论克服了亚当·斯密"分工受市场规模限制"的思想,认为经济变化是分工深化的过程,有优势的市场规模扩大的过程本质上是经济增长的过程。在分工产生收益的同时,分工也产生成本。有学者从交易成本的角度进行了分析。美国经济学家罗纳德·哈里·科斯说,所有的交易都有成本,交易成本主要包括以下两个方面:一是交易前的信息检索、交易信息的发现和处理成本;二是包括交易过程中和交易后出现的谈判合同订立、合同执行和冲突处理的成本。[2]

这种分工刺激了移动支付系统行业的增长,这些独立的机构不仅作为中介使交易安全,而且提高了交易效率以促进交易。移动支付行业快速发展的主要原因是它使交易更快,安全性能显著提高,客户可靠性增强,从而增加了对移动支付系统机构

---

[1] 陈柳钦:"产业集群的演进:一个基于专业化分工视角的解释",载《贵州财经学院学报》2007年第3期。

[2] [美]R·H.科斯:"社会成本问题注释(一)",程启智、匡小平译,载《经济译文》1992年第4期。

的信任。移动支付行业随着市场需求、社会知识、技术水平的变化而不断变化，在变化的过程中，通过不断改变市场结构，尽可能降低分工成本，行业也可以享受规模效应。

二、双边市场（Two-sided Market）理论

（一）双边市场理论的概念

关于双边市场的基本定义，国外学者 Rochet 和 Tirole（2004）率先从定价结构的角度给定了双边市场的一个概念："当平台向需求双方索取的价格总水平 $P = Pb + Ps$ 不变时［Pb 为用户 B（Buyer）的价格，Ps 为用户 S（Seller）的价格］，任何用户方价格的变化都会对平台的总需求和交易量产生直接影响，那么这个平台市场就是双边市场。"[1]从概念中可以看出，价格结构上的任何变动都可以影响到双方对平台的需求及其参与规模，从而进一步影响到交易总量。该定义表明，双边市场中价格结构在平衡双边用户的需求方面显得尤为重要。

在现实中，不仅双边用户的价格变化会对平台的总需求和交易量产生影响，而且双边用户规模的大小也对平台的总需求和交易量产生不小的影响，即存在网络外部性特征。Armstrong（2006）使用"交叉网络外部性"来定义一个双边市场，两个群体支付费用（价格）是否加入一个平台公司，以及其中一个群体是否加入平台取决于其他群体中的用户数量。[2]双方的用户组可以通过一起使用多个平台而不是仅选择一种类型的平台来

---

［1］ Rochet J., Tirole J., Two-Sided Markets: An Overview, Mimeo, IDEI University of Toulouse, 2004.

［2］ Armstrong, M., Competition in Two-sided Markets, RAND Journal of Economics, 2006, 37 (3), 668-691.

最大化经济效用，这称为多归属。仅加入和使用一个平台的情况称为单一归属。此外，对平台垄断和寡头垄断市场中单一归属和多归属的分析表明，加入成本（价格）受交叉网络外部性程度、交易成本（固定成本或每笔交易成本）、单一归属和多归属的影响。具体而言，平台公司在垄断市场中设定的最优加入费是边际成本与每组的差异化程度（价格弹性指数）的和减去交叉网络外部性的差额。后者比前者大的情况下，对一组用户实行免费或给予补偿金。同样，在寡头垄断市场中，两家平台公司表示，一组用户的最优价格是每组的边际和运输成本之间的差异减去另一组的跨网络外部性影响。这与 Evans 和 Schmalensee（2005）的结论相同。另外，在平台加入者中，消费者是单一归属，卖家多归属，这种市场结构被称为"竞争瓶颈"，而平台公司将价格设定为边际成本，低于或免费是为了保护单一消费者，而对多家公司的卖家收取高价。因此，得出的结论是，卖方的超额利润转移到了消费者利润中（利润不足或亏损），导致整体毛利润降低。Armstrong 和 Wright（2007）认为，当双边市场中存在多个平台时，用户往往是多宿主，并且平台运营商获得补贴以吸引更多来自其他提供商的买家，将价格负担转移到供应商，结果供应商的盈利为零。这时供应商转移到具有更好条件的平台。为了防止出现这种情况，平台提供商和供应商具有独家合同，这阻止了用户的多方倾向。

（二）双边市场的基本特征

Evans（2003）主张，双边市场的重要特征：首先，有两个或两个以上不同的客户群体存在（双面性）；其次，一方客户群比另一方客户群越大，越能获得更高的效用（交叉网络的外部性）；最后，双方的客户群因为交易成本高而使用平台来交易

(通过平台实现外部性的内部化)。

与传统市场相比,双边市场应包括以下四个主要特征:存在一个双边的平台结构,即有一个平台运营商提供有形或无形的平台服务;双边终端用户之间存在显著的网络外部性;平台定价时存在价格结构非中性特征,即相对于价格总水平而言,价格结构更能够影响两边的终端用户接入或者交易行为;参与双边平台的两端一定要通过平台的构建来实现交易目的,即平台有存在的价值。为了更好地说明双边市场的特殊性,本书把双边市场与传统市场进行对比说明。

1. 双边用户的需求互补或相互依赖特性

이상규(2010)指出,两个不同的用户群相互作用是双边市场的一个关键特征,所创造的价值受到跨网络外部性的影响。其还声称,该平台的提供商将通过向任一方或双方收取平台费用来产生收入。平台运营商分配给两组客户的费用和价格结构水平会影响用户数量和交易规模。在双边市场中,平台向两端用户提供的产品或者服务在达成某项交易方面是相互补充和相互依赖的,一种需求以另一种需求的存在为前提条件。[1]例如,消费者对网上购物服务的需求量会随着商家在网上开店数量的增加而增加,反之亦然。但是,这种互补性与传统市场的互补性有着明显的不同。在传统市场中,一对互补性产品通常是由同一个消费者消费。例如,消费者必须同时购买眼镜框和镜片,才能完成配眼镜的行为。这对互补产品所产生的使用效应被同一消费者获得。而在双边市场中,尽管平台同时为两端的消费者提供产品,产品之间有互补性或依赖性,但是产品之间的互

---

〔1〕 单姗:"平台厂商的市场势力研究——以支付市场为例",山东大学 2017 年博士学位论文。

补性并不是源于功能性互补,而是基于不同端的用户需求所产生。双边市场需求就是来自市场两端的联合需求,缺少任一端对市场的需求,平台的需求就难以形成。比如,婚姻介绍中介市场中的一方希望通过中介寻找到合适的对象。要满足一方对婚姻介绍所的需求前提是婚姻介绍所拥有大量的异性资源,如果没有,一方对婚姻介绍所的需求就为零。然而对伴侣需求量越大,即中介一边的资源越多,一方对婚姻介绍所的需求也会越大。两者通过中介得到互补需求带给各自的效用。

2. 双边用户的网络外部性特征

Katz 和 ShaPiro（1985）把网络外部性定义为某种产品或服务的价值随着消费该种产品或服务的消费者数量的增加而增加。[1] 例如,网络用户所能获得的效用取决于加入互联网的总消费者数量。双边市场的网络外部性是说,如果某一边的参与者吸引另一边参与者的功能越大,那么平台企业有理由不遵守价格一致性的基本原则,对具有较强市场吸引力的那一边收取低于成本的价格,而对另一边收取高价,以弥补在另一边的亏损。根据当前研究的双边市场特性,学者们又把网络外部性特征分为交叉网络外部性和自网络外部性。如果双边市场的网络外部性不仅取决于交易平台一边用户的数量,而且取决于交易平台另一边用户的数量,就被称作交叉网络外部性;如果双边市场的网络外部性仅取决于交易平台一边的用户数量或者是平台的其他影响因素,而与另一边用户的需求量无关,则被称作自网络外部性。在交叉网络外部性的特点下,平台一边的交易量和用户数量将受到与之相对应的另外一边用户的交易量和数量的影

---

[1] ShaPiro C, Katz M L., Network Externalities, Competition and Compatibility, American Economic Review, 1985.

响。以大型购物商场为例,品牌供应商进驻该商场的数量,不仅取决于已经进驻商家的数量,更取决于消费者的数量;同样,消费者商场购物的需求也取决于进驻该商场的供应商数量。在即时通信这样的双边市场中,自网络外部性这一特点比较突出。大多数人们愿意使用和自己交际圈的朋友一样的聊天工具或者通信服务商。这种倾向是以方便自身交流为目的的,与使用这种平台的同一边的用户数量相关;而与平台另一边的用户,如广告商或使用其他增值功能的人数无关。

3. 非对称价格结构

Rochet 等人(2006)强调价格结构是双边市场的最大特征,并且假设在双边市场上不同侧面代理两个客户群,作为中介的平台运营商,要求协调两个群体之间的互动成本,从而创造利润。在这种情况下,两组客户产生的中介费用之和被定义为价格结构。当双边市场形成时,平台运营商通过优化这种价格结构来获得盈利模式。换句话说,平台商是一个提供商,它已经形成了一个市场,在这个市场中,双方的价格结构会在恢复某个利润单位时影响交易量、利润以及后续的经济成果等经济表现。

김봉주(2011)指出,价格结构是双边市场的一个关键特征,强调具有双方的平台运营商在一方收取更多费用并降低另一方支付的价格时会影响交易量。在双边市场中,一笔交易的形成需要双边市场两边用户和平台企业的共同参与。[1]平台企业在交易过程中向双方提供促成交易的服务,因此平台企业可以借此向双方收取一定的费用。这个费用价格对于衡量平台企

---

〔1〕 김봉주:"双边市场的产品差异化策略",载《产业结构研究》2011 年第 1 期。

业的交易量和收益都非常重要，但是更重要的是这个价格在市场双边用户间要合理分配。因为平台两边的用户对平台服务需求的强弱会有区别，平台中两边用户又具有网络外部性，所以双边市场平台企业如何制定使双边用户同时对其所提供的服务产生需求的费用是平台企业生存的一个重要原则。在这个原则指导下，平台企业有时为了吸引其中一边用户参与平台交易，往往向其提供免费甚至超值服务。例如，淘宝网。双边市场的这种特征显然不同于传统市场，产品或服务的价格结构问题与传统市场也不相同。

4. 平台的供给特征

与传统市场产品不同，平台向双边市场提供的产品或者服务不具有独立性。如果双边市场的两端用户在缺少平台的情况下，仍然可以低成本进行交易，那么平台就没有存在的必要。正是因为双边市场的两端用户之间由于种种原因难以达成交易，所以平台的出现便利了两端用户，使其能顺利地进行交易赚取利润。例如，在以收取广告费用盈利的传媒行业中，如果每条广告都能充分地被大众接触，那么就不需要电视台来扩大宣传，电视台的收入也将难以保证。可见，失去了平台供给，双边市场用户的相互需求都将难以满足。

(三) 双边市场的分类

随着以互联网、电信网络、电子商务、银行卡等为主要研究对象的网络经济学的发展，网络外部性理论不断丰富和完善，双边市场这一市场形态得到了迅猛的发展。在现实中的实例数量不断增多，形式也多样复杂。根据 Eisenmann 等人（2006）的研究，在一个典型的双边市场中，双方分为"补贴方"和"金钱方"。两个客户群体中的任何一个支付费用而受益的群体被称为"补贴方",而另一个群体被定义为"金钱方","金钱方"随着"补贴方"的消费和规模的增长而产生新的利益。[1]例如,在可以下载各种智能手机应用程序的谷歌应用市场中,安卓智能手机的用户可以免费下载各种应用程序。因此,如果安卓智能手机用户数量迅速增加,那么想要注册该应用程序的开发者数量以及想要在谷歌应用电子市场上投放广告的广告客户数量将会按比例增加。表2-1所示的是具有这些特征的各种类型的双边市场的概述。

表 2-1 双边市场的各种类型

市场/平台	补贴方	货币方	竞争平台运营商
电脑操作系统	PC客户	应用软件开发	Windows,Mac
网上求职	求职者	招聘者	Monster,CarrerBuilder
目录服务(黄页)	一般使用者	地区广告商	Bellsouth,Verizon
搜索引擎	使用者	广告商	Google,Yahoo
HMOs[2]	患者	医生	Kaiser,Wellpoint
电子游戏	游戏用户	游戏开发商	Playstation,Xbox
购物中心	消费者	商户	Mall of America,Southdale Center

资料来源:根据Eisenmann等人(2006)的研究再整理。

Evans(2003)定义了三种类型的双边市场。首先,市场制造型负责连接两个想要相互交易的不同群体;其次,将受众制

---

[1] Eisenmann T, Parker G, Van Alstyne M W, Strategies for Two-Sided Markets, Harvard Business Review, 2006:84,92.
[2] 健康维护组织(Health Maintenance Organization)是指一种在收取固定预付费用后,为特定地区主动参保人群提供全面医疗服务的体系。

造型与广告商和受众联系起来；最后，需求协调型快速创造出交叉网外部性的商品或服务。表2-2总结了三种类型中的每一种的特征和实例。

（1）市场制造型。这类双边市场的特点是方便双边用户交易。中介平台可以提高搜索交易对象的效率和平台双方匹配成功的可能性，减少寻找合适的交易对象的时间。典型的例子包括易趣网、大型购物中心、信息中介等。

（2）受众制造型。这类双边市场主要是指媒体产业。平台的职能是吸引大量的观众、读者和网民等受众。这样平台另一端的企业才会愿意到该平台上发布广告和产品信息。电视、报纸、杂志、网站等组织都属于这类市场平台。

（3）需求协调型。这类双边市场可以帮助两端的用户通过平台来满足相互的需求。例如，电脑操作系统、银行卡系统、无线增值业务平台等都属于这种双边市场。这种类型的双边市场也是学者们研究最多、发展最为迅速的。

除了上述分类方式，还可以根据市场功能将双边市场划分为提供目录服务、支付中介服务、信息搜索服务和交易服务等；根据网络外部性的反馈正负性，将其划分为正的网络外部性市场和负的网络外部性市场；根据平台竞争情况，将其划分为垄断平台和竞争平台等。

表2-2 典型双边市场的三种类型

制造者	说明
市场制造型	连接两个想要相互交易的不同群体
	·多是电子市场（E-Marketplace） ·eBay、Auction 等

续表

制造者	说明
受众制造型	连接广告商和受众 · 多是媒电视、报纸等媒体 · WSJ、New York Times 等
需求协调型	快速创造出跨网络外部性的商品或服务 · 多是基于软件的平台 · Windows OS、Linux 等

Evans 等人（2008）后来进一步细化需求协调型分为买家和买家中介（Exchange），基于广告支持的媒体（Advertize-Supported Media），信用卡支付交易设备（Transaction Device），软件平台四种类型。[1]

（四）移动支付行业的双边市场特征

从双边市场外部性角度来看，移动支付行业具有显著的网络外部性。首先，在移动支付行业中，支付平台受理的范围越广，即连接移动支付的商家越多，支付平台的价值越大，行业发展越好，越能吸引更多的用户参与；同时，使用这种支付方式的用户越多，支付平台的价值也越大，商家参加的需求就越大。其次，根据前述，网络外部性分为交叉网络外部性和自网络外部性。因为移动支付行业的网络外部性大小不仅取决于平台中商户的数量，还取决于加入的用户数量，两端数量相互影响，所以在移动支付行业中体现出的是交叉的正网络外部性。

从双边市场非对称价格结构的角度来看，结合移动支付行

---

[1] Evans D S, R Schmalensee, Markets with Two-Sided Platforms, Competition Law and Policy, 2008, 28 (1): 123-143.

业的特征,笔者基于以下两点,认为移动支付平台中的价格结构也是非对称的。

首先,若用户和商家之间采用移动支付方式进行交易,用户和商家的数量众多,双方并不能通过协商谈判达成有效率的结果,并且在平台上还不存在能够分别代表用户和商家利益的机构。因此,用户和商家在进入平台与平台企业的协商谈判过程中,都将最大限度地关注自身的利益。[1]同时,在使用移动支付完成交易的过程中,双方之间还存在明显的信息不对称。这些都保证了平台制定不对称价格的可行性环境。

其次,在同一交易中,无论用户采用哪种支付方式,商户的价格都是一定的。这就需要平台制定合适的价格吸引商户受理移动支付,同样也要采用合适的价格吸引用户。但是商家和用户使用移动支付时发生的交易成本不同。[2]商家不能将其承担的交易成本转嫁给用户;用户则需要配有支持移动支付功能的手机,存在潜在的换机成本。如果平台企业制定同一价格,就会使交易成本大的一方放弃移动支付的方式。因此,平台企业要想同时吸取两端用户必须制定不同的价格,即执行非对称性价格。

除上述两点以外,移动支付行业与成熟的银行卡市场相比,还显现出独特的双边市场特性。

第一,移动支付行业具有多平台竞争的特性。目前中国存在三种移动支付运营模式,这三种模式之间就存在平台竞争的可能性。同时,各自的模式中又有来自同行业不同平台企业间

---

〔1〕 김진영、김민용:"移动服务平台双边市场形成阶段研究",载《互联网电子商务研究》2013年第4期。

〔2〕 김진영、윤승정、김민용:"移动业务双边市场成功因素的定性比较分析",载《互联网电子商务研究》2014年第4期。

的竞争,尤其是以第三方支付企业为主导的运营模式。在巨大的市场潜力面前,必定会有大量的第三方支付企业加入移动支付平台的构建中,进行移动支付平台业务竞争。

第二,建立新的支付行业定价模式。双边市场的一大特性就是价格不对称性。平台企业必须在向两端用户提供不同产品或服务时,制定不同的价格,并且价格也不与边际成本成比例。这一基本特征将在移动支付市场得以延续。就银行卡支付的定价规则来看:发卡机构并不向消费者收取任何费用,但收单机构根据商户扣除率,向商户收取相应的手续费,其收益再在发卡机构、银行卡组织和收单机构之间进行分配。若与银行卡支付的盈利模式相同,移动支付行业的收入应来源于商户,而不对用户收费。但是,现实中移动支付因为可以不受发卡机构、收单机构和各个通信运营商之间的限制,给用户提供最大便利,并且可以有效地掌握用户端和商户端的交易信息和消费偏好等重要营销资源,所以平台企业能够建立新的定价模式,采取向多方收费的方式来获取利益,拓宽盈利渠道,丰富收入来源。

三、长尾(The Long Tail)理论

长尾理论是美国人 Chris Anderson 在 2004 年基于亚马逊和奈飞等网站的商业模式提出的新理论。这一理论也是现代社会新的经济模式,即互联网模式管理发展的理论之一。许多公司已成功应用这一理论,谷歌就是其中之一。对于由谷歌运营的广告项目 Adsense,其主要客户是数以千万计的中小型网站和个人社交媒体。由于这些网站在注册 Adsense 时与谷歌分享广告收入,个别看起来非常小也没有什么商业价值,但是把这些网站联合起来就能创造巨大的经济利益。

这也与近年来影响生活和企业管理的帕累托定律（二八定律）有关。[1]意大利经济学家维尔弗雷多·帕累托（Vilfredo Pareto）对该定律解释说，80%的结果来自20%的原因。例如，20%的人口占有总财富的80%，或者前20%的消费者占总销售额的80%。当然，这不是一个确切的比例数，但它代表了一种不平衡。这意味着少数主流人（或事物）可能会产生重大的影响。在传统的营销策略中，公司主要关注的是那些在20%的产品上获得80%利润的客户，而且经常忽视那些80%的产品占20%利润的客户。在这个理论中，"长尾"就是被忽视了的80%。长尾理论认为，如果产品储存和分销的路径足够大，即使产品销售不好，共同占据的市场份额也可以与少数热门产品的市场份额相当甚至更大，它可以产生与之相当的市场能量。[2]例如，公司的销售量不是传统需求曲线中典型畅销书的头部，而是非流行的尾部产品占据大部分。

中国拥有世界上最大的市场，人口14亿，大多数人的财富和需求都很低，但市场足够大。因此，个人的需求水平很低，但是当它们合并时却是个天文数字，有充分的可能性高于前20%。这一原则在支付宝和财付通中体现得很明显，这些公司通过提供安全保障和便捷的交易，吸引了绝大多数人并改变了他们的生活方式，包括社交、消费和娱乐。只有抓住市场尾巴的客户才能形成这个强大的市场。平台的客户资金都是大多数人的日常小额消费甚至理财，但他们在市场上积少成多就能赚很多钱，为公司赚取巨额利润。

---

〔1〕 王子鹏："二八定律和长尾理论对信息时代档案工作的启发"，载《兰台世界》2017年第20期。

〔2〕 吴青劼、洪涛、马骏："长尾理论综述"，载《周口师范学院学报》2010年第1期。

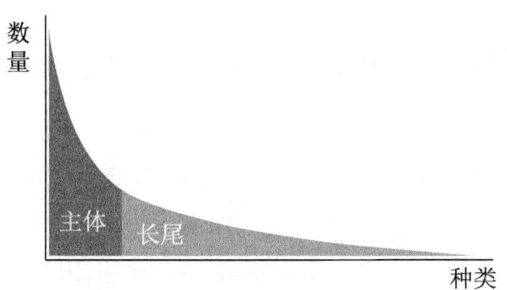

图 2-5 长尾理论模型

第四节 发达国家的移动支付发展情况

移动支付以其独特的便捷、快速、安全等特性,近年来,在全球市场都呈现迅猛增长之势。目前,国外移动支付的发展主要表现在近场支付的创新,其主要采用国际 NFC 标准。2007 年,法国在尼斯展开移动支付的试点工作,采用 NFC-SIM 技术,并于 2010 年开始正式商用;2011 年谷歌推出一款名为谷歌钱包(Google Wallet)的移动支付服务,采用的也是该技术,目前所有的 Sprint Nexus S 4G 手机都可以使用谷歌钱包服务,手机用户经由花旗银行万事达信用卡和谷歌预付卡进行交易。各国的移动支付业务采用的技术和商业模式都不尽相同,日本主要是运营商主导模式;在欧洲,多数采用多国运营商联合运作方式;在美国,电子支付业务提供商推出了 PayPal 移动支付业务;非洲一些国家,如赞比亚、南非、肯尼亚、尼日利亚、刚果等国都推出了移动支付业务,有以移动运营商名义推出的,也有以银行名义推出的。

一、美国移动支付的发展情况

移动支付最早出现在美国,美国在互联网上具有极大的优势,无论是通信技术领域还是智能手机领域均占绝对领先地位,但是移动支付的发展却并不如预期那样迅速。相反地,与中国等亚洲国家相比,其移动支付的发展十分缓慢。根据《纽约时报》的报道,在美国各大超市几乎看不到消费者使用移动支付,基本上都是刷卡消费。谷歌公司曾于 2011 年进行过 NFC 的试点,最终以失败收场。而苹果公司在 2014 年推出的 Apple Pay 在美国的反应也是平平。[1]美国移动支付的发展情况不乐观,从消费习惯上来看,美国原有的支付体系(尤其是信用卡支付)十分完善,人们已经习惯于不带钱只带卡出门的支付模式,支付市场处于一个相对平衡的局面。移动支付作为一项创新的技术,如果过多参与支付体系,必然会导致平衡的现状被打破,而现状被打破必然要有大量相应的配套设施缺口,甚至会影响某些利益集团。

从网络发展角度来看,美国的互联网技术较为先进,在 1980 年就已经开始大力发展网上银行业务,人们对于金融与移动终端的匹配度不高,且银行会对信用卡支付开展大量活动,为了争夺用户,信用卡公司推出了返现和旅行奖励,这是人们无法轻易放弃的。根据信用卡公司提供的奖励和现金,消费者会使用一张信用卡加油,再使用一张信用卡购买杂货,再用另外一张信用卡旅游。对于消费者而言,无疑信用卡更具有吸引力。

---

[1] 骆品亮、韩冲、余林徽:"我国银行卡市场双边性检验及其政策启示",载《产业经济研究》2010 年第 2 期。

虽然美国移动支付发展不如人们预期的那样迅速，但是移动支付产业的状况自 2016 年以来有了转变。自 2016 年以来，美国许多规模较大的银行和零售商在移动支付领域采取了动作，其中，摩根大通和沃尔玛推出了移动支付产品，而苹果公司的 Apple Pay 和谷歌公司的 Android Pay 也参与竞争之中。目前，美国用户使用比较多的移动支付产品主要是 Chase Pay、Walmart Pay、MCX、Apple Pay、Android Pay、SAMSUNG Pay 和 PayPal。[1]

智能手机和平板电脑等移动设备的普及推动了移动业务的强劲增长。2016 年第四季度，美国移动电子业务支出达 227 亿美元。在移动设备或特别指定的移动应用程序上购物的可能性很大：在线市场领导者 eBay 和亚马逊提供指定的移动购物应用程序和网站以及诸如 Best Buy 或 Target 等实体店也在迎头赶上。在许多实体店中，移动设备也可以通过使用 NFC 技术扫描数字钱包来用作支付手段。[2]

二、日本移动支付的发展现状

日本也是移动支付发展最早的国家之一，早在 2001 年，就诞生了小额支付的 IC 卡和 SUICA 卡，而后手机支付的发展迅速。日本人出门只需携带手机即可进行乘坐地铁、在便利店购物等消费行为。与中国的发展情况不同，日本移动支付的主导体系是移动运营商，如多科莫（NTT DOCOMO）、KDDI、软银（SOFTBANK）这三大运营商。移动运营商管理和控制移动终

---

〔1〕 Statista, Total revenue of global mobile payment market in 2015, with forecasts from 2016 to 2019, https://www.statista.com/statistics/226530/mobile-payment-transaction-volume-forecast.

〔2〕 沈焕: "全球近场通信与移动支付现状及趋势研究"，载《移动通信》2017 年第 22 期。

端,金融机构管理和控制刷卡终端,而网络体系的构建由商家去完善,从而形成一个完整的产业链。这是由日本的产业结构特点决定的,日本银行对于支付体系的统治能力相对较弱,而手机运营商具有产业主导能力,能够形成完整的产业链。

日本移动支付在支付标准上进行了统一,均使用 Feli Ca 标准。Feli Ca 是索尼公司研发的非接触式智能卡,只要将 Feli Ca 的卡片或移动终端靠近便可以进行识别和支付,具有统一性和便利性。在产业链建设方面,日本采取的是移动运营商注资金融机构的方式进行,比较有代表的案例是多科莫(NTT DOCOMO)分别于 2005 年 4 月注资三井住友银行,2006 年 3 月注资 10 亿日元获得瑞穗金融集团关联企业 UCcard 的部分股权。随着近几年来中国至日本游客大幅增加,中国的移动支付扩大到了日本,一些日本的企业开始与阿里巴巴和腾讯合作,希望中国游客在回国后可以继续购买日本商品。此外,在羽田机场罗森便利店消费可以使用支付宝,而在东京的几十家 711 和全家便利店也开始尝试引入支付宝。[1]

随着移动支付业务的发展,更有效的价值链合作关系、利益分成模式以及运营商在其中所起的作用和地位等都是需要根据实际发展情况探讨的问题。预计未来,随着用户的需求越来越大,规模效应将逐渐形成,会有更多的零售商和支付业务提供商的积极性被极大地调动起来,主动加入这一行列中来。未来价值链上需要解决的问题不是如何调动这些提供商的积极性,而是如何最大限度地发挥他们的积极性,实现价值链上各方的共赢。

---

[1] "移动支付在国外发展现状是什么?日韩市场什么反应",载 http://baijiahao.baidu.com/s?id=1603123303646946981&wfr=spider&for=pc,最后访问日期:2018 年 6 月 13 日。

三、欧洲移动支付的发展现状

欧洲国家的手机支付一如其他产业一样，同时进军欧洲多国，所以欧洲品牌多数采用多国运营商联合运作的方式，即银行作为合作者但不参与运营。业务模式往往是通过 WAP（无线应用协议）、SMS（短消息服务）、IVR（交互语音应答）等方式接入来验证身份，操作较为烦琐，不适于实践性要求很高的支付行为，所以多用于 WAP 业务、电子票务等。[1]西欧地区中，短信支付、移动互联网支付是移动支付的主要形式，如英国的移动支付平台 Monitise，主要是基于这两种方式开展业务。近场支付的发展则相对缓慢，法国移动运营商 Orange 在尼斯部署的基于 NFC 技术的移动支付生态系统是较为成功的近场支付试点，参与方包括虚拟商品内容提供商 NRJ、交通公司以及金融机构等。

欧洲移动支付主要采用多国运营商联合运作的模式。在该模式中，金融机构是移动支付产业链的合作者，而不仅仅是参与者。目前欧洲有很多国家已经开始全面提供移动支付业务，包括法国、德国、瑞典、芬兰、奥地利、西班牙、英国等国家。欧洲移动支付的业务模式是通过无线应用协议、短消息业务、交互语音应答等接入方式来验证身份，因此多用于电子票务等。随着近场支付技术日趋成熟，欧洲电信标准协会认为基于 NFC 的手机支付功能将被集成到手机 SIM 卡内，并成为新的移动支付标准。目前，在欧盟国家已经被广泛接受的移动支付商有 Paybox、Vodafone、VISA 电子智能卡等。欧洲主要国家的结算方

---

[1] 王选飞：" 基于合作博弈理论的移动支付商业模式运行机制研究 "，华南理工大学 2017 年博士学位论文。

式如图 2-6 所示。

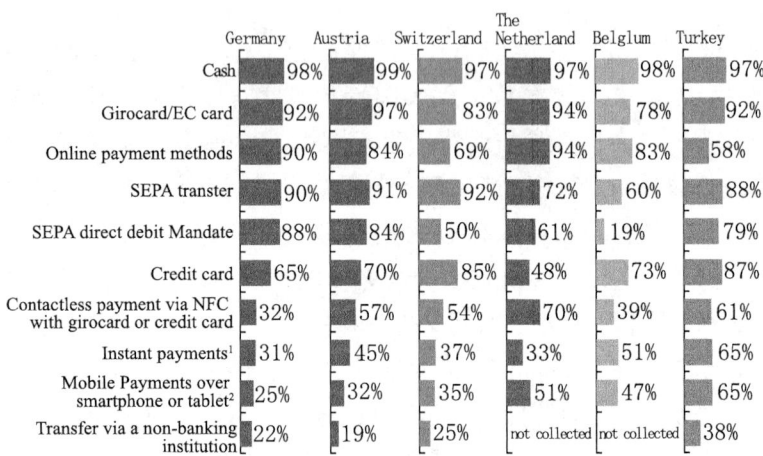

图 2-6 欧洲主要国家的结算方式

如图 2-6 所示，信用卡的使用因国家/地区而异，土耳其受访者的使用率最高，为 87%。这可能是由零售金融公司开展的大量活动以及土耳其消费者的总体现金支出所致。相反，荷兰信用卡的使用率最低，仅为 48%。由于基础设施普及率较低，与使用信用卡相比，非接触式支付落后于其他形式并造成安全问题。非接触式支付使用率高的国家仅土耳其和荷兰，分别为 65% 和 70%。德国、荷兰、比利时和奥地利等国家的消费者经常使用在线支付，超过 80% 的受访者表示他们使用这种支付方式。令人惊讶的是，土耳其的在线支付率最低，为 58%。这可能与土耳其消费者面临的一些监管问题直接相关。另外，如表 2-3 所示，土耳其的移动支付非常流行，使用率为 65%。德国的移动支付使用率最低为 25%。这似乎与高安全性问题有关。与其他接受调查的国家相比,荷兰和比利时的手机使用率分别为51%和47%。

表2-3 欧洲主要国家移动支付现状调查

国家 支付现状	德国	奥地利	瑞士	荷兰	土耳其
移动支付使用率	25%	32%	35%	51%	65%
不满30岁人群移动支付使用率	46%	48%	52%	67%	67%
不满40岁人群中今后5年内使用移动支付倾向的比率	7/10	7/10	7/10	8/10	9/10
移动汇款比率	15%	21%	42%	49%	49%
男性使用移动支付比率	30%	36%	44%	54%	54%
女性使用移动支付比率	21%	29%	26%	48%	48%

从全球的角度来看,移动支付普及度最高的地区不是欧洲、美国、日本和韩国等发达国家或地区,而是非洲地区。据《人民日报》的文章,非洲的金融服务尚未普及,而智能手机终端却可以使居民享受到便利的金融服务,在这里移动支付的普及度相当高,居民使用移动支付进行转账或汇款,极大地改变了非洲人民获取金融服务的状况。大部分不在本地工作的非洲人民通过移动支付转账回家。目前非洲的电子商务发展较慢,随着网上购物的发展,移动支付在非洲将具有更好的发展前景。印度在移动支付方面具有巨大的发展前景,是移动支付的一个新兴市场。现阶段,印度依然普遍使用现金交易,电子商务一

直尚未普及。各大电商公司企图通过优惠福利和便利条件引导居民使用移动支付，众多的国外电商企业及金融机构纷纷对印度的移动支付市场进行布局。

另外，新冠疫情期间，无论是在家点外卖还是用支付宝在手机上付款，以无接触服务为主的数字生活方式迅速从中、日、韩等数字经济较为发达的国家向东盟及南亚等传统上较为欠发达的国家和地区扩散。以数字支付为基础的无接触服务，改变了这些国家人口倾向于使用现金的传统习惯。与此同时，东盟和南亚地区的各国电子钱包，也纷纷与中国、日本、韩国等国领先的移动支付企业，如支付宝、Kakao Pay 等建立合作，通过效仿这些国家在数字支付领域的先进经验，迅速建立起自己的数字支付 App，因地制宜地创新，积极投入抗疫活动中。例如，马来西亚版支付宝 Touch'nGo、泰国的 TrueMoney、菲律宾的 GCash 等当地最大的电子钱包纷纷通过自己的平台开展无接触捐赠，募集了总额超过 60 万美元的善款，通过公益组织，为当地弱势群体购买食物和口罩等防护用品。巴基斯坦的 Easypaisa、孟加拉国的 bKash 都上线了当地政府无接触发放补贴的功能，帮助低收入人群渡过难关。

第三章
中韩移动支付发展过程及现况分析

第一节 韩国和中国移动支付分类项目比较

"电子支付结算"是指在线电子支付,而不是过去通过票据或支票进行的线下纸质支票支付。移动支付是这种电子支付结算的一种特殊形式。过去,在推出移动支付之前,电子支付主要采用的支付方式是通过互联网、银行卡或信用卡进行账户转账,或者通过 ATM 支付。然而,移动支付是从这种电子支付和结算方式进一步发展而来的,即"使用智能手机或平板电脑等移动设备作为电子支付和结算的直接手段"。

然而,如何详细定义"移动支付"绝非易事。一些研究人员认为,移动支付是指银行的手机银行,但不包括推动了中国移动支付的快速增长的支付宝、微信支付等非银行支付结算公司。此外,在一些研究中,移动支付是根据支付方式进行分类的。移动支付有时会根据支付的技术差异进行分类,如 NFC 和二维码。这是一种技术性过于工程化的分类方法,实际上,考虑到中国大部分基于二维码的移动支付的特点,比较韩国和中国的移动支付行业时,它并不是一个非常重要的分类标准。

一、韩国的移动支付分类

在韩国银行的支付和结算统计中,"5.6电子金融统计"项目中包含5.6.1网上银行、5.6.2电子账单、5.6.3电子货币、5.6.4电子支付服务。基于此分类的移动支付是指在各个分类区域内使用移动设备进行支付,如<5.6.1网上银行>项目中的手机银行。[1]

最近引起关注的金融科技不是银行的手机银行项目,而是"5.6.4电子支付服务"项目上的互联网支付被移动端取代的现象。因此,我们将研究该电子支付服务项目的详细分类,并将其与中国电子支付服务项目进行比较。

根据韩国的统计标准,如表3-1所示,电子支付服务项目进一步细分为5.6.4-1)电子支付结算机构(信用卡、银行转账、虚拟账户等),5.6.4-2)托管账户(第三方托管),5.6.4-3)预付费电子支付方式(电子钱包等),5.6.4-4)电子账单支付,5.6.4-5)电子借记付款(借记卡等)。[2]

表3-1 韩国银行统计中的电子支付项目

	分类项目	细分项目	移动支付领域
5.6电子金融统计	5.6.1.网上银行	CD/ATM 电话银行 网上银行	手机银行
	5.6.2.电子账单		

---

[1] 虽然韩国银行通过单独的报告提供了手机银行的规模,但电子支付服务类别中的移动电子支付服务的规模并未单独分类,因此本书未提供相关数据。

[2] 서봉교:"中韩移动支付分类及数据对比",载《韩中社会科学研究》2018年第3期。

续表

分类项目		细分项目	移动支付领域
5.6 电子金融统计	5.6.3. 电子货币		移动电子货币
	5.6.4. 电子支付服务		
	1) 电子支付结算机构	信用卡 银行转账 虚拟账户 其他	移动信用卡等
	2) 托管账户	第三方托管	移动托管
	3) 预付费电子支付	电子钱包等	移动预付卡
	4) 电子账单支付	电子账单支付	手机缴费
	5) 电子借记付款	借记卡等	移动借记支付

资料来源：韩国银行经济统计系统。

5.6.4-1) 电子支付结算（PG Payment Gateway）机构是指以电子方式，在购买货物或使用劳务中，发送或接收支付信息，或充当代理或媒介，以其为代价的结算。更精简的解释是指在网上购物中支持网上支付的金融服务。

此类电子支付代理服务通常被称为"支付网关"（PG），负责此类金融服务的支付服务提供商被称为PG公司。虽然大多数网上支付通常是信用卡交易，但支付网关能够做到将不同的支付方式（如电子钱包或最近兴起的加密支付等）组合到一个统一的界面中，这样无论顾客选择哪种支付方式，支付网关都能为其提供完美的支付体验。韩国有很多PG公司，包括信用卡PG公司。随着网上电子商务的快速增长，PG公司还基于收入结构提供服务，该收入结构提供 IT 服务并收取报酬。[1]

5.6.4-2）托管账户（Escrow account）是指买方在确认交付完成后，使用网上商城或邮购等方式进行货物交易时，将买方缴纳的货款存入金融机构等第三方，确认配送完成后，再向卖方支付货款的制度。这是一种确保在线交易的付款安全性的方法，将货款存入第三方的虚拟账户中，直到货物交付完成为止，然后在交付完成后向卖方付款。此货款预付服务被称为托管服务。托管账户的方式主要在尚未建立以信用为基础的网上支付结算金融体系的国家，具有快速发展的特点。

5.6.4-3）预付费电子支付方式是《韩国电子金融交易法》第2条所规定的可转让的货币价值以电子方式储存发行的单据或有关单据的信息，电子货币除外。

5.6.4-4）电子账单支付是一种金融服务，它通过电子邮件向纳税人电子发送纳税通知书，例如，税金和公寓维护费，并以数字方式支付账单。

5.6.4-5）与预付费电子支付方式不同，电子借记付款方式（Electronic debit payment means）是在线上或线下购买商品或服务时，通过使用智能手机的身份验证程序，中介从买方账户直接转账到卖方账户的金融服务。[2]例如，借记卡是一种付款方式，其中在购买商品或服务后通过借记卡联合计算机网络从客

---

〔1〕 参见网址：https://www.bok.or.kr/portal/main/contents.do?menuNo=200345。

〔2〕 在韩国，借记卡和支票卡通常被视作类似的概念，但严格意义上说，支票卡是介于借记卡和信用卡之间的一种支付方式。支票卡和借记卡一样是在储蓄账户的余额内使用，不同之处在于它可以像信用卡一样使用，因为即使没有存款余额，它也可以通过贷款方法提供500 000韩元范围内的信用。此外，借记卡不能与信用卡商户一起使用，但支票卡的使用更广泛，因为它们也可以与信用卡商户一起使用。

户的支付账户中实时提取购买价格，并在下一个工作日将其存入卖方的账户中。借记卡只能由银行发行，并且只能将银行账户用作付款账户。另外，由于它只能在单独的借记卡商户中使用，因此与可以在信用卡商户中使用的支票卡相比，它的使用受到限制。

《韩国电子金融交易法》第 2 条第 13 项将"电子借记付款"定义为金融公司或电子金融业者发行的凭证或相关凭证信息，以便用户和加盟店之间从金融公司的账户转账，同时支付提供财物或劳务的费用。[1]

二、中国和韩国的移动支付分类比较

近年来，中国的移动支付也在快速增长，中国尚未建立正式和系统的分类标准。目前，中国政府正在准备制定全面的电子支付法，但中国相关研究机构称，目前仍存在着将移动支付与第三方支付、互联网支付、网络支付等混用的情况。

当然，和韩国一样，中国的移动支付也是电子支付的一种特殊形式，因此很明显是电子支付的一种类型。百度百科将电子支付分为：（1）互联网支付，（2）电话支付（又称电话银行）和（3）移动支付。

中国人民银行和中国国家统计局也像韩国银行一样发布季度结算统计。但是由于我国与韩国银行的支付结算分类有所不同，并且详细的分类标准不同，因此很难进行比较。尽管如此，本书还是比较了韩国和中国的总体分类，并尝试使用详细分类的统计数据来确认移动支付数据。

---

[1]《韩国电子金融交易法》（2017.4.18. 第 14828 号一部分），参见网址：http://www.law.go.kr/lsInfoP.do?lsiSeq=193469#0000。

中国人民银行的支付和清算统计数据，可以正式、系统地提供中国的支付和清算统计数据，将中国的全部支付结算分为：（1）票据结算，（2）银行卡结算，（3）贷记转账结算和（4）电子支付。韩国银行电子支付分类分为：5.1 清算和破产，5.2 韩银金融网，5.3 转账系统，5.4 银行网络，5.5 国际结算银行（BIS）数据统计，5.6 电子金融统计。

其中，与韩国的"5.6 电子金融统计"项目相对应的概念在中国是"④电子支付"项目。由于本书分析的移动支付不是银行的手机银行，而是非银行支付公司（如支付宝）的移动支付，因此有必要根据这两个类别比较中韩之间的移动支付。但是，韩国和中国并未将移动支付指定为详细类别，需要进一步分析哪些项目应理解为阿里巴巴或腾讯的移动支付。

在中国，"④电子支付"下层的分类为④-1）银行的互联网支付结算，④-2）银行的移动支付结算和④-3）银行的电话支付结算。尤其要注意的是，④-4）非银行支付结算公司将电子支付归类为电子支付结算的一个独立子类别。引领中国移动支付创新的阿里巴巴和腾讯的移动支付被归类为"非银行支付公司的电子支付项目"。[1]

表 3-2　韩国银行和中国人民银行的电子支付分类比较

韩国银行分类项目	中国人民银行分类项目
5.1. 清算和破产	①票据结算 ①-2 电子商业汇票
5.2. 韩银金融网	

---

〔1〕 帅青红主编：《电子支付结算系统》，西南财经大学出版社 2006 年版，第 30~87 页。

续表

韩国银行分类项目	中国人民银行分类项目
5.3. 转账系统	③贷记转账
5.4. 银行网络	②银行卡结算 ②-2 银行卡信贷
5.5. 国际结算银行（BIS）数据统计	
5.6 电子金融统计 　5.6.1. 网上银行 　（银行互联网+手机银行） 　5.6.2. 电子账单 　5.6.3. 电子货币 　5.6.4. 电子支付服务 　　5.6.4-1）电子支付结算机构 　　5.6.4-2）托管账户 　　5.6.4-3）预付费电子支付 　　5.6.4-4）电子账单支付 　　5.6.4-5）电子借记付款	④电子支付 ④-1）银行的互联网支付结算 ④-2）银行的移动支付结算 ④-3）银行的电话支付结算 ④-4）非银行支付结算公司发生的网络支付业务

资料来源：根据韩国银行经济统计系统，中国人民银行《2017年支付体系运行总体情况》等资料再整理。

三、手机银行与非银行支付结算公司手机支付的区别

如上所述，银行的手机银行不同于韩国的电子支付服务和中国的非银行支付结算公司。尤其是在中国移动支付的分类中，区分银行移动支付和非银行支付结算公司的移动支付是非常重要的。如前所述，在国内领先的移动支付结算的阿里巴巴和腾讯的创新是基于非银行支付结算公司的移动支付服务，而不是

银行的手机银行支付。因此，在本书中，我们还将分析过去几年中国的移动支付和金融科技创新，重点关注阿里巴巴和腾讯等非银行支付公司的金融科技创新。

如果将移动支付结算简单地认定为银行的手机银行，就会存在对近期移动支付结算的创新，以及金融科技创新的认识不足等问题。然而，一些研究错误地将移动支付解释为银行的手机银行业务。例如，在中国电子商务和支付系统相关的专业研究和综合营销公司艾媒咨询的《第三方移动支付市场报告》中，错误地将银行手机银行数据解释为整个中国的移动支付数据。[1]出现这个问题的原因似乎是韩国或中国尚未编制非银行支付结算公司的移动支付的准确数据。另外，银行的手机银行支付数据在韩国或中国有官方数据统计，因此在一些研究中错误地将该数据用作全部移动支付数据，从而出现了判断错误。

根据韩国银行网上银行季度统计数据，韩国（互联网+手机）银行中手机银行的使用量占比从 2016 年第一季度的 7.0% 上升至 2018 年第一季度的 10.1%，如图 3-1 所示。

---

[1] 根据艾媒咨询 2017 年《第三方移动支付市场报告》，中国在线支付的规模与中国人民银行相同，可以看出，该分类标准被应用。此外，可以看出艾媒咨询报告中提到的中国移动支付数据采用了与中国人民银行移动支付相同的分类标准。基于这些标准，艾媒咨询公布的 2017 年移动支付规模为 203 万亿元。由此可以确定，艾媒咨询的移动支付数据在国内用于移动支付时，仅包括银行的移动支付，而阿里巴巴和腾讯的非银行项目，中国最重要的移动支付存在一个问题，即移动支付部分完全被排除在支付公司的电子支付之外，因此不适合作为中国移动支付的数据。

第三章 中韩移动支付发展过程及现况分析

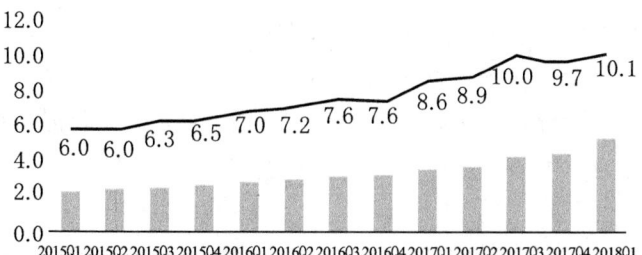

图 3-1 韩国的手机银行规模和比重趋势

注：使用量以日均使用量为准。
资料来源：韩国银行发布的《2017年度支付结算报告书》。

中国正式公布的支付结算项目中，将银行网上银行和手机银行在支付结算方面进行划分。手机银行在中国网上（互联网+手机）银行业务中的占比从 2015 年的 5.1% 上升至 2018 年第一季度的 10.0%，如图 3-2 所示。

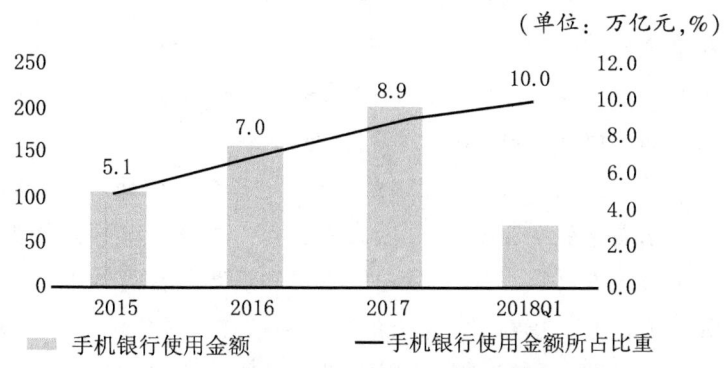

图 3-2 中国的手机银行规模及份额趋势

资料来源：中国人民银行发布的《2017年支付体系运行总体情况》。

随着未来移动支付的进一步发展,如果将银行和非银行支付结算公司的移动支付业务划分为明确分开和独立的项目进行统计正式的数据,该问题将迎刃而解。在下一节中,我们将通过研究中国银行和非银行支付结算公司的移动支付数据来比较和分析韩国和中国的其他移动支付系统。

第二节 中韩移动支付分类构成特征比较

一、中韩电子支付分类构成特点比较

(一) 韩国电子支付分类组成和信用卡 PG

第三章第一节比较了韩国和中国的移动支付分类标准。虽然两国都将移动支付归类为一种特殊的电子支付形式,但仅将移动支付单独归类,并没有统计数据。尽管如此,如上所述,整个电子支付结算的构成可以大致比较。韩国和中国的电子支付结算分类的构成的比较如表3-2所示。在本节中,我们基于对这些分类结构的比较来分析韩国和中国移动支付结算的特点。为此,首先通过比较韩国和中国移动支付分类构成的特点,分析了两国移动支付金融服务行业的特点。

首先,韩国银行在第3章 "5.6 电子金融统计" 项目的构成比例来看,截至2018年的构成如表3-3所示。其特点如下:韩国绝大多数(94.37%)的电子支付和结算是银行的网上银行业务。事实上,在韩国,银行的网上银行在日常生活中非常普遍。然而,对网上银行的熟悉和便利,也是移动支付普及的制度障碍。这是因为银行别无选择,只能被动地引入取代网上银行的新移动支付结算方式。虽然很多韩国银行都在采用手机银行,

但银行对手机银行的使用仍然有限。对于金融消费者而言,由于使用网上银行没有不便感,因此积极使用新的移动支付结算的动力并不大,这也是韩国移动支付快速扩张的障碍。[1]

其次,在韩国的电子支付结算方面,与其他金融科技服务正在发展的国家不同,"5.6.4 电子支付服务"项目占比仅为 1.32%。近年来,金融科技服务发展迅速,非银行公司拥有在线电子商务平台,而不是现有银行,将新的金融服务嫁接到现有平台上。这些新的金融服务主要归类为电子支付服务。低比率意味着金融科技行业的新型金融服务发展缓慢。而韩国电子支付服务项目的特点是"5.6.4-1)电子支付结算机构"项目在其中占比最大。电子支付结算机构(PG 公司)在整个电子金融统计中所占比重为 0.92%,仅从电子支付服务项目来看,所占比重为 70%。[2]

最后,在韩国电子支付结算机构中,信用卡支付机构占比最大,占电子金融统计项目总额的 0.72%,电子支付服务项目的 55%,电子支付结算机构的 78%。韩国移动支付结算中的"5.6.4-2)托管账户"项目占比很低,仅占整个电子金融统计项目的 0.17%,在电子支付服务项目中的比重也仅为 12.9%。

表 3-3　韩国电子支付及支付项目的构成(2018 年)

5.6 电子金 融统计	分类项目	细分项目	金额 (万亿韩元)	比重 (%)
	5.6.1. 网上银行	资金转账	12 281.3	94.37
		申请贷款	4.5	0.03

---

〔1〕 장은진、김정군:"金融科技支付结算服务持续使用影响因素研究——基于不合理行为与制度信任寡头理论",载《The e-Business Studies》2017 年第 2 期。

〔2〕 Eun Jin Chang、Jeoung KunKin:"移动简单支付服务接受因素实证研究:以中国案例为中心",载《韩国研究协会会刊》2017 年第 8 期。

续表

分类项目		细分项目	金额（万亿韩元）	比重（%）
5.6 电子金融统计	5.6.2 电子账单	发行量	556.7	4.28
	5.6.3 电子货币	使用量	0.0	0.00
	5.6.4 电子支付服务		170.9	1.32
	1）电子支付结算机构	信用卡	93.7	0.72
		转账	5.9	0.05
		虚拟转账	16.8	0.13
		其他	3.0	0.02
	2）托管账户		22.2	0.17
	3）预付费电子支付		21.5	0.17
	4）电子账单支付		7.8	0.06
	5）电子借记付款		0	0.00

资料来源：根据韩国银行统计结算资料再整理。

（二）中国电子支付分类构成及第三方移动支付结算

我国"④电子支付结算"分类的构成特点如下：首先，在中国，银行网上支付和银行移动支付分别占到"④电子支付结算"总额的85.39%和8.35%。银行网上、手机、电话支付比例高达94.11%。其次，非银行支付结算公司的网上支付占比高达5.88%。与此相对应的韩国电子支付服务项目的比例为0.92%。最后，按照易观的统计考虑第④-4）-2项对第三方移动支付和结算的统计，计算阿里巴巴、腾讯等第三方移动支付时，这些第三方移动支付在我国电子支付总量中的比例达到了4.49%。该数据表明，它们在中国近期支付中所占的比例非常高。

表 3-4　中国人民银行支付结算分类及规模

	2017 年金额（万亿元）	比重（%）
④电子支付结算	2539	100
1）银行网上支付	2075	85.39
2）银行移动支付	203	8.35
3）银行电话支付	9	0.37
4）非银行支付机构发生网络支付	143	5.88
4）-2 第三方移动支付	109	4.49

资料来源：根据中国人民银行和易观数据整理。

二、中韩非银行电子支付结算比较

（一）中韩非银行支付结算趋势比较

上述章节介绍了韩国和中国的电子支付和移动支付的分类构成和比例。从比较中我们可以看出，在两国的电子支付结算中，移动支付结算需要注意，就韩国而言是"5.6.4 电子支付服务"，就中国而言是"④-4）非银行支付机构发生网络支付"业务这一问题。事实上，引领中国金融科技服务业发展的阿里巴巴和腾讯的支付结算是"4-4）-2 第三方移动支付结算项目。另外，在韩国，与此相对应的"5.6.4-2）托管账户"的比例非常低。与中国不同的是，在韩国，信用卡的电子支付和结算服务非常发达。表 3-5 为比较 2015—2017 年中韩两国非银行支付结算比例的结果。

表 3-5　中韩电子支付结算主要构成部分占比趋势（%）

		2015年	2016年	2017年
韩国	电子支付服务	0.61	0.78	1.32
	支付代理	0.43	0.55	0.92
	信用卡支付代理	0.31	0.42	0.72
	托管账户	0.11	0.13	0.17
中国	非银行支付机构发生网络支付业务	2.24	4.20	5.88
	第三方移动支付	0.73	1.48	4.49

资料来源：根据韩国银行和中国人民银行的统计数据撰写。

(二) 中韩非银行移动支付结算特点比较

韩国和中国电子支付结算服务特征的差异，尤其是非银行支付结算服务行业的差异，如表 3-5 所示，可以总结如下：

第一，在韩国的电子支付结算中，2017 年非银行电子支付服务领域的支付金额在电子金融统计中所占比重为 1.32%。另外，在我国电子支付结算中，2017 年非银行支付结算公司占比高达 5.88%，是 2015 年 2.24% 的两倍多。这证实它正在引领中国金融科技行业的发展。

第二，在韩国，电子支付结算服务领先于非银行电子支付结算服务。截至 2017 年，电子支付结算服务占所有电子支付结算的 0.92% 和非银行电子支付结算的 70%。相反，中国的非银行电子支付结算以第三方支付结算服务为主。在韩国，第三方支付服务托管账户占电子支付总额的 0.17% 和非银行电子支付的 13%。中国几乎所有的非银行电子支付结算服务都作为第三方支付结算服务实施，这是中国电子支付结算系统发展过程中呈现的历史背景。与韩国不同，在中国，由于非银行支付结算公司可以独立于银行提供支付结算服务，因此电子支付结算服务不分离，由非银行第三方支付结算公司负责。

第三，在中国，第三方移动支付即非银行支付结算公司的移动支付，占中国电子支付总量的 4.49% 和非银行电子支付的 76.36%。值得一提的是，第三方移动支付在电子支付结算总额中的占比在 2015 年仅为 0.73%，但在 2016 年和 2017 年迅速上升至 1.48% 和 4.49%，这意味着中国支付服务正以极快的速度向移动支付转型。另外，韩国非银行支付结算公司的移动支付服务无法直接比较，因为每个类别的移动支付数据在韩国并不是独立呈现的。但是，根据以上数据，可以判断与中国相比，该水平非常低。非银行支付结算服务占电子支付结算总量的 1.32%，其中的移动支付结算显然达不到 10%。在韩国，非银行支付结算公司的移动支付结算服务的发展落后于中国，这是韩国金融科技领域落后于中国的最主要因素。

第三节　中国移动支付的发展过程

中国移动支付在发展的过程中经历了短信支付繁荣阶段、短信支付的调整及 WAP 支付[1]的萌芽阶段、WAP 支付的发展阶段、移动支付高速发展阶段四个阶段。

一、第一阶段（2000—2004 年）：短信支付繁荣阶段

2000 年 5 月 17 日，中国移动正式推出短信（SMS）服务，随即把短信应用于手机代扣费的信息服务。[2]至此，中国的手

---

[1] 手机 WAP 支付产品是提供给卖家移动终端、客户端或网页进行支付的产品，利用手机网页（包括 WAP 和 WEB 手机网页）实现无卡支付。
[2] 参见《中国移动支付产业市场调研与投资预测分析报告（2018）》，该报告参见网址：https://bg.qianzhan.com/report/detail/459/190103-45418f22.html。

机支付实践开始。这一时期主要是依托 2G 网络的短信技术，主要支付项目为基于互联网的小额消费，且用来支付结算的资金是手机的话费，这种支付方式属于运营商的代扣服务。当时这种支付方式被广泛用于网络下载付费、会员充值、电子杂志等消费项目。短信支付为移动运营商积累了大量财富。但是短信支付本身存在漏洞，由于支付环节不透明，计费机制不完善，大量用户认为是运营商的乱收费，用户体验差使得此种支付模式陷入低谷。这个时期的移动支付市场还处于业务导入阶段。

二、第二阶段（2005—2007 年）：短信支付的调整及 WAP 支付的萌芽阶段

由于早期短信支付乱扣费等问题为大众所诟病，短信支付的方式发生变化，开始推广手机钱包业务，并为银行的用户提供银信通服务，银行资金开始参与到移动支付领域。在同一时期，WAP 支付开始起步。WAP 支付伴随着客户端的兴起而逐渐起步，移动支付技术不断改进，进一步提高了该服务的安全性和便捷性。银行和移动运营商开始合作，在不同地区和领域拓展该项服务。另外，互联网用户和移动用户的普及率提高、第三方网上支付以及移动增值业务的快速发展，为该服务奠定了良好的产业环境。此时，广大的中国移动支付用户通过前期的培育，对移动支付已有一定的了解，并逐步接受。这个时期的移动支付市场是地域扩展阶段。[1]

---

〔1〕노승훈、권태경：" 国内移动环境下简单支付业务的比较研究"，载《韩国管理信息学会会议论文集》2014 年第 1 期。

三、第三阶段（2008—2009 年）：WAP 支付的发展阶段

移动网络进入了 3G 和 WCDMA 时代，由于电子商务的普及以及人们对于新的支付消费的需求，各产业链都看到了利益点，也在努力寻找着适合中国移动支付市场发展的支付方式。在此时间段，产业主导者不清晰，金融机构和移动运营商的议价能力相当有限，产业实际投入力度比较低，用户体验较差。因为国内信用体系和安全保障问题并未得到实质性解决，用户通过移动支付购买的物品和服务并不丰富，并没有带来真正的便捷。尽管如此，但由于电子商务的普及以及人们对于消费支付新的需求，这个时期移动支付市场的规模增长还是十分惊人的。这一时期，移动支付开始多方布局，银行资金与移动支付增多，手机支付成为移动运营商的优先发展项目。

四、第四阶段（2010 年至今）：移动支付高速发展阶段

网络进入了 Wi-Fi 时代，移动支付产业高速发展，NFC 技术实现，打破了移动支付运营商主导的格局，不同形式的合作方式在移动支付产业中出现，第三方支付牌照的颁发确定了支付运营企业的合法身份，早期进入该市场的第三方支付企业的成功吸引了更多加盟者。监管政策的完善、商业模式的创新有效地平衡了价值链环节上的利益，促使移动支付价值链的良性发展。阿里巴巴、腾讯等多家企业的参与，使移动支付产业迎来高潮。此外，中国的移动支付产业正在向全球化布局，以支付宝为例，支付宝除与日本、韩国、新加坡、泰国等亚洲国家部分商户有合作外，在欧洲部分国家和地区也开展了合作项目。

从中国移动支付产业的发展历程可以看出，虽然中国移动

支付的运行时间较晚,但是经历的几个产业生命周期也呈现不同的特点。可以预期,未来的中国移动支付市场的发展前景是美好的。

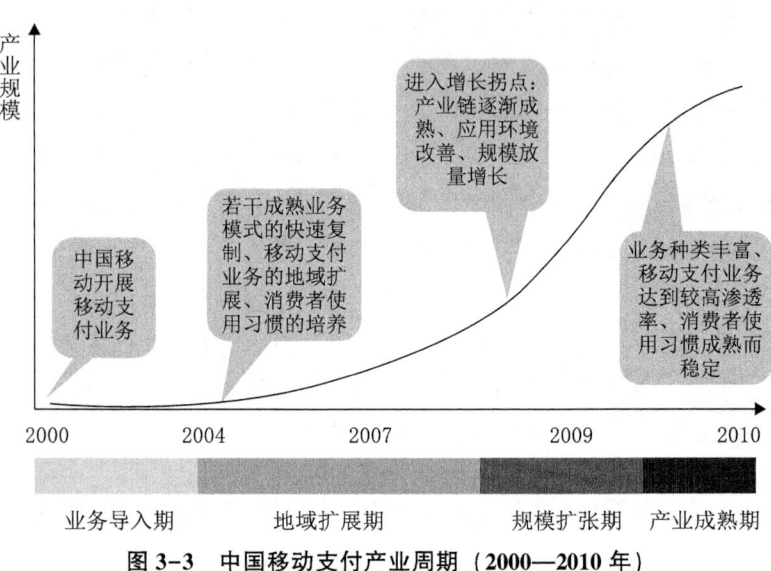

图 3-3　中国移动支付产业周期（2000—2010 年）

第四节　中国移动支付的环境分析

一、移动支付市场的政治环境

（一）国家政策支持

早期,国家对支付行业的发展不仅仅是宽容的更是积极支持的。2010 年国务院在关于加快培育、发展战略性新技术的政策文件中就指出,未来经济的生命力在于能够引领全局的战略性新兴业务。其中,新一代信息技术业务就是国家大力倡导建设的战略性新兴业务。[1]成熟的互联网支付和新兴的移动支付自然符合新一代信息技术业务的标准。作为电子支付体系的重要组成,互联网支付以及移动支付可以实现资金流动信息化,这对提升资金周转效率,减少资金的使用成本有重大意义。政策的支持为互联网支付以及移动支付的长足发展打下了强心剂。移动支付受到资本市场热捧,支付市场不断扩展。

近几年发达经济体经济的低迷,经济增速放缓以及中国劳动力成本的升高,导致驱动经济发展的出口产业严重受损。再加上国内投资需求不足,通过基础设施投资恢复经济也困难重重。基于当今国情,国务院出台了扩大内需和加快信息建设的意见。通过鼓励民间资本加入信息建设来加快信息产业建设,拉动国内需求,开辟新的经济增长点。互联网支付和移动支付拥有双重特性,既是信息消费的一部分,又是扩大内需的好手段。支付业务的发展有利于推动信息基础设施的建设,倒逼信息技术行业的升级换代;不断提升公共信息的服务水准及加快培育信息消费和消费环境建设。

(二) 行业监管变化

发展初期阶段,在宽容政策下互联网支付企业获得了飞速发展。然而缺少行业监管和专门的法律法规支持,支付行业出现了大量钻法律空子甚至违法的行为。还有一些企业则空有技术而没政策支持,出现好项目不敢上、不让上、不能上的无奈。在互联网支付行业获得初步发展的同时,为了进一步规范好、监督好、管理好新生行业,国家相继出台了相关政策。从表3-6来看,主要思路就是将互联网支付尤其是第三方支付纳入政策

---

[1] 潘爱武:"我国发展移动支付的障碍及对策",载《数字化用户》2013年第20期。

监督。[1]将第三方支付企业合法化，为支付行业的发展前景指明方向，以保证行业持续健康发展。[2]

表3-6 支付行业监管的政策变化

年 份	办 法	重要事项
2007年	出台支付清算组织管理的相关办法	1. 对支付清算组织注册资金最低限额作出了规定 2. 外资控股不得超过50% 3. 企业法人股东要连续两年盈利 4. 有电子交易经验 5. 资金必须为现金而非无形资产
2009年	召开支付清算协会筹备会	决议对非金融机构开展支付清算业务的情况进行登记
2010年	出台《非金融机构支付服务管理办法》及其实施细则	1. 央行批准后，非金融支付企业才可开展支付业务 2. 央行为支付机构发放支付许可证，非金融机构获得此证方可开展支付业务，并接受央行的监督管理
2011年	中国人民银行颁发第一批支付牌照	第三方支付迎来监管时代
2013年	中国人民银行《支付机构客户备付金存管办法》	制定支付机构的备付金管理要求
2015年	1. 中国人民银行和证监会联合发布《货币市场基金监督管理办法》 2. 中国人民银行发布《非银行支付机构网络支付业务管理办法》	1. 对互联网金融中货币市场基金相关内容提出了规范性要求 2. 进一步规范了非银行支付机构网络支付业务

[1] 雷琼：《商业银行发展移动支付业务研究》，湖南大学2013年硕士学位论文。
[2] 网联清算有限公司（Nets Union Clearing Corporation，NUCC）是经中国人民银行批准成立的非银行支付机构网络支付清算平台的运营机构。

续表

年　份	办　法	重要事项
2017年	中国支付清算协会代表大会正式通过建立"网联"的议案，正式确认推出"网联"	代替支付机构各自直连银行进行清算的状态
2018年	《条码支付业务规范（试行）》，规范条码支付	开展条码支付需要同时具备网络支付牌照和收单牌照。2018年4月1日后，固态二维码单日累计限额500元
2019年	2019年1月1日起施行《中华人民共和国电子商务法》	电子支付服务提供者应当确保电子支付指令的完整性、一致性、可跟踪稽核和不可篡改。电子支付服务提供者应当向用户免费提供对账服务以及最近三年的交易记录。规范电商秩序，保障资金安全

二、移动支付市场的经济环境

（一）中国宏观经济保持稳定增长

自2015年开始，中国GDP增速开始放缓，中国经济下行压力增大。然而在众多的问题面前，中国经济仍能保持增长态势。经济的稳定增长为市场注入了强心剂，提高了投资者的热情。互联网支付在向移动支付转型过程中能够获得更多的资源支持。

市场销售继续保持稳定增长。前瞻数据库显示，2018年社会消费品的零售总额已达到38万亿元，同期相比增长了9个百分点。其中网上零售额达到9万亿元，而2017年的数据大约为

7万亿元,增长率接近24%。[1]网络销售的强势增长弥补了线下销售的不足。从2014年第一季度开始,限额以上单位的网上零售额被列入了国家统计局向社会公布的范围内。这一改变表明了中国消费品市场出现了新变化,网上零售端开始发力。

居民收入持续增加。据国家统计局的公布相关统计,2018年居民人均可支配收入达到2.8万元,同比增长了8.7%。中国经济稳步向好的发展态势不断巩固和增强,常态化增长态势基本形成。居民收入的稳定增长为消费市场注入活力,加上互联网支付渠道的扁平化降低了经营者的运营成本,支付方式更贴近群众生活,这些因素都有利于支付行业的稳定增长。反过来,支付方式的革新也有利于消费者购买能力的释放。[2]

(二)互联网金融快速发展

互联网金融在2014年得到爆发式增长,为互联网经济注入了活力。P2P网贷、众筹平台、余额宝理财工具、垂直搜索等在2014年大爆发,尤其是余额宝的面市激化了互联网金融产业的竞争。中国拥有世界上最庞大的互联网用户,据产业信息网估计,截至2018年12月中国的互联网用户达到8.29亿。庞大的用户规模使中国成为全球最大的电子商务市场。互联网金融将互联网技术和金融产业融合起来,并渗透到医疗、教育、旅游、公共事业等传统行业。互联网金融的巨大优势使其成为中国经济发展的新引擎,由此政府加大扶持互联网金融发展的力度。

---

〔1〕 参见前瞻数据库中的文章《2018年全年中国零售行业市场分析:全国网络零售额突破9万亿元》,网址为https://d.qianzhan.com/xnews/detail/541/190301-f2221723.html。

〔2〕 欧阳卫民:"中国电子支付的趋势与未来展望",载《金融会计》2009年第2期。

三、移动支付市场的社会环境

（一）银行体系改善服务，创造支付环境

在互联网支付时代，更多的是互联网企业占据核心位置，银行体系的地位比较尴尬。移动支付的发展使得银行迎来了发展契机，各大商业银行加快了在移动支付行业的布局。银行卡账户是移动支付最基本的账户，即使用户使用的是虚拟的第三方支付账户，仍然需要通过银行卡账户向虚拟账户充值。银行采取多种渠道推动银行卡的发放，一方面为用户提供银行卡账户，另一方面培养用户刷卡及网上支付的习惯。这为推动用户从现金支付习惯向移动支付习惯转变迈出了一大步。中国人民银行公布的数据显示，2018年累计发放银行卡75.97亿张，环比增长2.86%，其中信用卡6.86亿张，环比增长4个百分点。银行体系提升服务的另一方面的表现在于加快推动手机银行客户端的创新。第三方支付企业在金融行业新模式的打造，倒逼银行业不断加大创新投入，开发手机客户端稳固移动支付阵地。如今各大银行基本都上线了自己的手机银行客户端，手机银行的市场认可度得以提高。手机银行的方便快捷、不需要窗口排队以及时间空间限制较少的优点，方便了用户办理银行业务，手机银行的渗透率将会进一步上升。[1]

（二）智能手机广泛普及，用户的支付习惯得到培养

随着智能手机广泛普及以及移动互联网的不断发展，中国手机网民规模快速增长，截至2020年12月底，中国手机网民规

---

[1] 禤国锋："基于移动支付的第三方支付行业发展策略研究"，北京化工大学2013年硕士学位论文。

模达 9.86 亿人，较 2020 年 3 月底增加了 0.89 亿人，截至 2021 年 6 月底，中国手机网民规模达 10.07 亿人，较 2020 年 12 月底增加了 0.21 亿人。互联网的高速发展以及手提设备的迅速普及，消费者获得了从未体验过的便利。移动支付业务正在渗透我们的日常生活，2020 年中国移动支付用户规模达 7.90 亿人，较 2019 年增加了 0.57 亿元，同比增长 7.78%，消费者需求是移动支付业务发展的最终动力，消费者主导权空前增强，利基市场、长尾市场空间巨大。在碎片化的移动场景时代，消费者按照既定的路线选择商品或服务。随着智能终端的广泛应用，客户互联网应用习惯的普及，特别是微信这样的"杀手级"软件和产品的出现，吸引了大量用户使用，同时也得到了用户的极大认同。

移动智能终端用户规模不断扩大加上互联网基础设施日益完善，推动了中国移动互联网市场进入高速发展阶段。移动互联网的普及使移动支付的受众规模不断扩大。再加上电信运营商以及第三方支付企业不断培育移动支付应用场景，用户的支付习惯正在一点点被改变。中国移动推出移动钱包，用户可以直接使用移动钱包坐公交、坐地铁。用户无须携带各种各样的卡片，支付更为便捷。而且支付公交、地铁费用涉及金额小，使用频率高，更有利于培养用户的移动支付习惯。

四、移动支付市场的技术环境

移动支付在最初出现的时候还只是一种金融工具，但是发展到现今已经蜕变成了一种服务模式，一种与日常生活紧密相关的金融服务模式。移动支付的技术环境主要包括如下几种。

（一）支付标记化技术

支付标记化技术是指使用唯一的支付标记来代替银行主账号进行交易验证的技术，一般是跟银行卡的主卡号相一致。银联公司的"云闪付"、苹果公司的"Apple Pay"均采用了此项技术，它的支付过程是，通过支付标记与芯片个性化数据相结合，生成数据加载至移动终端，使移动终端具有芯片卡的属性。支付标记化技术的优点是，支付标记可以生成多张"芯片卡"，当遇到遗失和盗用的情况时，可以进行识别并禁用。此外，支付标记化技术还可以最大限度地保护用户的个人信息安全，持卡人无须输入敏感信息来进行身份验证，减少了信息泄露的途径。在扫描二维码进行支付的情况下，支付标记化技术可以提升二维码安全性，将二维码数据标记为一次有效并进行时限控制。

（二）执行环境

执行环境通常是指操作系统技术，移动支付的执行环境较多的为IOS和安卓等操作系统。安卓系统是一个相对开放的系统，因此安全性方面存在一些不足。随着移动支付产业的不断发展，势必会对执行环境的安全性有更高的要求，在保证开放性的同时确保安全性，将会是移动支付产业的一个发展趋势。

（三）生物特征识别

生物特征识别是目前一些移动支付企业正在研发中的项目，是指利用人的一些生理特征或者是行为特征，通过一定的技术来进行个人身份的鉴定。生物特征支付系统通过分析个人独有的生物学特征（例如DNA，指纹或面部特征）来工作。指纹和面部扫描的使用已经成为解锁智能手机的主流。鉴于生物特征识别技术提供的便利性和安全性，预计它将在全球范围内取代传统的数字身份方案。在2018年推出的智能手机中，约有80%

配备指纹传感器。Acuity Market Intelligence 预测，到 2022 年，每年将有超过 55 亿个启用生物特征识别技术的移动设备处理超过 1 万亿笔交易，从而推动该市场的年收入达到 506 亿美元。比较典型的代表是阿里巴巴的面部扫描系统，涵盖了支付宝、蚂蚁金服、网商银行等相关业务；除阿里巴巴外，腾讯、微软、百度等互联网公司都在各自进行着生物特征识别技术和人工智能的研究。

第五节　中国移动支付的市场规模

一、银行的手机银行支付结算规模

如上所述，根据中国人民银行的支付报告，④电子支付结算的子类别基于④-1）银行网上支付、④-2）银行移动支付和④-3）银行电话支付、④-4）非银行支付机构发生网络支付。

根据此分类，如表3-7所示，截至2017年，中国人民银行的手机银行支付总额为203万亿元人民币（约合3400万亿韩元）。中国人民银行的付款类别和付款金额如表3-7所示。

但是，问题在于中国人民银行没有将移动支付数据与非银行支付公司的在线支付分开汇总和发布。因此，有必要在非银行支付公司的在线支付中对移动支付的数据和互联网支付的数据进行分类。但是，要做到这一点，必须首先准确了解中国的非银行支付公司，第三方支付公司，支付宝和腾讯之间的区别，以便可以利用中国提供的相关移动支付的统计信息。[1]

---

〔1〕 杨彪："第三方支付市场的发展与监管"，载《中国金融》2012年第2期。

表 3-7　中国人民银行支付分类和规模（2017 年）

分类	2017 年（万亿元）
①票据金额	172
①-2 电子商业汇票	13
②银行卡交易金额	762
②-2 银行卡信贷	12
③贷记转账等其他结算金额	2836
④电子支付金额	2430
④-1 银行网上支付	2075
④-2 银行移动支付	203
④-3 银行电话支付	9
④-4 非银行支付机构发生网络支付	143

注：ATM、POS 和移动 POS 支付都包含在银行卡支付中。在中国人民银行统计中，该项目被视为银行卡跨行交易清算项目。

资料来源：中国人民银行 2017 年发布的《中国支付体系发展报告》，中国人民银行 2018 年发布的《2017 年支付体系运行总体情况》。

二、中国非银行支付机构的业务范围及特点

中国的非银行支付机构是中国支付结算系统区别于韩国支付结算系统的关键所在。在韩国，提供支付结算服务的非银行结算公司包括金融投资公司（证券公司）、信用卡公司、电子金融公司等。但是，与韩国不同的是，提供独立支付结算服务的现金管理账户（CMA）尚未在中国推出，信用卡业务被归类为银行的业务领域，而不是像韩国这样的独立的专职信用卡公司。因此中国的非银行支付机构实际上与韩国电子金融服务商相似。

但在两国法律中，韩国电子金融服务商与中国非银行机构在业务领域存在根本差异。

根据中国 2015 年颁布的《非银行支付机构网络支付业务管理办法》，将非银行支付机构定义为获准办理互联网支付、移动电话支付、固定电话支付、数字电视支付等网络支付业务的非银行机构。

这些非银行支付机构并不是单纯辅助银行支付或通过支付中介获取佣金收入的金融结算服务公司。这些非银行支付机构开展与银行账户挂钩的线上线下小额支付业务，以及独立于银行账户的支付公司客户账户支付结算业务（第 3 条）。此外，业务范围扩大到客户账户资产管理、银行卡相关支付服务（第 3 条），甚至国际和外汇相关支付（第 4 条）。

中国非银行支付机构业务范围多元化这一事实是其区别于韩国电子金融公司的一个显著特征，后者是在韩国提供电子金融服务的非银行金融服务提供商。

三、中国非银行支付机构的移动支付数据的估算

中国人民银行没有通过将与非银行支付机构的移动支付相关的数据分类为独立项目，来提供正式数据。但是，其他研究机构可以间接估计非银行支付机构的移动支付数据。

易观是中国领先的数据分析公司，提供有关中国"第三方移动支付"的时间序列数据。易观是在线业务领域领先的数据分析组织，专门从事数字和移动咨询以及行业研究报告。

"第三方支付"最初是一种支付服务，是指当买卖双方之间的信用关系不确定时，第三方为确保顺利交易而进行的交易服务。商品的买方将货款转账到第三方支付结算公司的账户，在

收到卖方货物后，第三方支付结算公司向卖方支付货款。这种方式相当于韩国的托管服务。

支付宝在21世纪初期开始提供网上电子商务支付服务，引入的网上支付方式就是第三方支付方式。但是，从那时起，中国的第三方支付服务已经超越了韩国的托管服务，演变成创新支付服务。例如，韩国的托管服务要求商品的购买者将货款存入电子金融服务提供商的虚拟账户中，而在中国，第三方支付服务允许客户可以在第三方支付结算公司的自己账户上存入剩余资金，并将其用于购买网上商品。就韩国的电子支付结算项目而言，诸如电子钱包之类等是预付费电子付款服务，也已包含在中国的第三方付款服务中。不仅如此，中国第三方支付服务的代表腾讯利用QR码（二维码的一种）提供转账服务在韩国被归类为托管服务。此外，由于中国已经通过第三方支付公司（如支付宝）缴纳各种公共费用，因此韩国的电子账单支付服务已包含在第三方支付服务中。中国第三方移动支付季度规模如图3-4所示。

因此，易观中使用的"第三方支付"一词作为数据的分类标准，不仅指韩国的托管，还指涉及各种电子支付服务的中国的"非银行支付结算"。尽管非银行支付和第三方支付这两个术语在分类标准上有严格的区别，但是对于中国人来说，非银行支付公司指的是第三方支付公司，如支付宝。人们理所当然地将各种非银行支付服务（例如由第三方支付公司提供的服务）称为第三方支付（尽管事实上，它们提供的不仅是付款服务）。

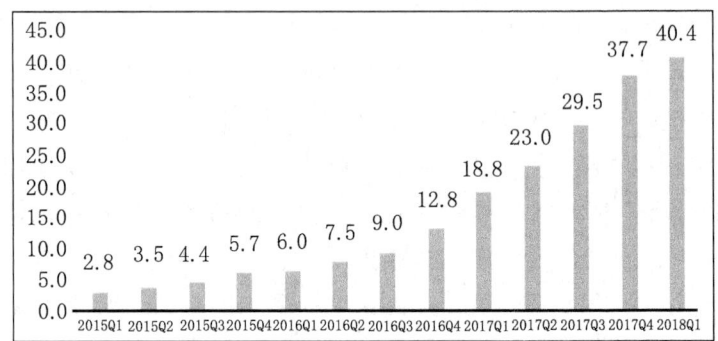

图 3-4 中国第三方移动支付季度规模（2015 年至 2018 年第一季度）

资料来源：根据易观各季度数据汇总，参见网址：https://www.analysys.cn/analysis/22/tag/18463/?page。

实际上，易观的"第三方支付"数据与中国人民银行的非银行支付和清算数据没有太大区别。因此，本书中将易观的数据用于中国非银行移动支付数据是合理的。易观的数据显示，第三方支付结算市场规模在 2016 年为 89 万亿元，在 2017 年为 160 万亿元。同时，中国人民银行的非银行支付结算额在 2016 年达到 99 万亿元，在 2017 年达到 143 万亿元。尽管这两个数据有些不同，但是根据在第三者支付中是否包括获取银行卡的支付服务数据，这似乎在分类项目上有所不同。

移动支付业务模式变化非常快，因此非银行支付机构的业务领域也在变化，但是统计数据的类别却不能反映这一点。但是，考虑到在中国，数据会因数据统计机构或不同时期数据上而存在一些差异的事实，使用易观的"第三方支付"数据来估算中国非银行支付公司的移动支付数据并非没有道理。

此外，易观在 2015 年之前也没有使用"第三方支付"一词，而是使用"非银行支付结算"一词。同样，在 2016 年第一季度，当两个术语在时间序列上重叠时，第三方支付数据和非银行支付数据相同。

根据易观的数据，截至2017年，中国的非银行支付机构的移动支付（第三方移动支付）规模为109万亿元人民币（约8000万亿韩元）。非银行支付公司的移动支付在2016年为35万亿元，在2015年为16万亿元，可见，这是一个快速的增长速度。[1]中国非银行支付公司移动支付的规模如表3-8所示。

表3-8 中国非银行支付公司移动支付的估算

（单位：万亿元）

类别	2015年	2016年	2017年
非银行支付结算（互联网+手机） （中国人民银行数据）	49	99	143
第三方支付结算综合 （互联网+手机） （易观数据）	54	89	160
第三方移动支付结算 （易观数据）	16	35	109

资料来源：中国人民银行2018年发布的《2017年支付体系运行总体情况》，易观2018发布的《中国第三方跨境支付市场专题分析》。

四、中国非银行移动支付的发展背景

（一）中国移动支付市场的增长特征

我国移动支付结算分为银行移动银行和非银行支付公司移动支付结算。通过分析数据，发现了以下两个特征。

---

[1] 该差异在第三方支付结算数据中，看似相当于"第三方银行卡收单"项目的差异，但相关数据在不同研究机构之间存在差异，时间排列上也没有连续发表。

第一，移动支付在银行和非银行支付结算市场都在快速增长，而互联网支付的增长速度正在迅速放缓。

一方面，2016 年中国银行网上银行增长 3.3%，2017 年下降至-0.5%，2018 年第一季度迅速放缓至-3.5%。另一方面，银行手机银行 2016 年增长 46.3%，2017 年增长 28.5%，2018 年第一季度增长 16.8%，与中国银行网上银行增速放缓形成鲜明对比。中国银行和非银行支付机构的互联网和移动支付趋势如表 3-9 所示。

表 3-9 中国银行和非银行支付机构的互联网和移动支付趋势

（单位：万亿元,%）

分类	2015 年	2016 年	2017 年	2018 年第一季度
中国银行网上银行规模	2018	2085	2075	636
增长率		3.3	-0.5	-3.5
中国银行手机银行规模	108	158	203	70.8
增长率		46.3	28.5	16.8
中国第三方互联网支付	14.0	19.1	24.5	7.0
增长率		36.4	28.3	24.7
中国的第三方移动支付	16.4	35.3	109	40.4
增长率		115.2	208.8	114.7

注：2018 年第一季度的数据基于同比增长率。
资料来源：中国人民银行 2018 年发布的《2017 年支付体系运行总体情况》，易观 2018 年发布的《中国第三方跨境支付市场专题分析 2017》。

非银行支付也出现了互联网支付被移动支付取代的现象。在中国，一方面，第三方互联网支付的增长率从 2016 年的 36.4% 放缓至 2017 年的 28.3% 和 2018 年第一季度的 24.7%。另一方面，中国的第三方移动支付在 2016 年增长了 115.2%，然后在 2017 年飙升至 208.8%。2018 年第一季度，也较上年同期增长了 114.7%，清楚地表明非银行移动支付在中国支付结算体系中占据非常核心的地位。

第二，非银行支付机构的移动支付业务增长速度明显快于银行的移动银行支付业务。2015 年，中国银行手机银行支付 108 万亿元，第三方移动支付 16.4 万亿元。银行手机银行交易额是非银行支付结算公司手机支付的 6.6 倍。但 2016 年，银行手机银行支付增长至 158 万亿元，第三方移动支付激增至 35.3 万亿元，银行移动支付与非银行移动支付的差距缩小至 4.5 倍。2017 年，银行手机银行支付增长至 203 万亿元，第三方移动支付猛增至 109 万亿元，银行移动支付与非银行移动支付的差距缩小至 1.9 倍。2018 年第一季度，差距进一步缩小。银行手机银行支付 70.8 万亿元，第三方移动支付 40.4 万亿元，差距缩小至 1.8 倍，如表 3-10 所示。

中国非银行移动支付规模已增至银行移动支付的一半以上，这一事实印证了支付宝等非银行移动支付平台正在推动中国移动支付的创新。

表 3-10　中国银行移动支付和非银行移动支付趋势

（单位：万亿元,%）

分类	2015 年	2016 年	2017 年	2018 年第一季度
银行手机银行支付规模（A）	108	158	203	70.8
第三方移动支付规模（B）	16.4	35.3	109	40.4
差异（倍）A/B	6.6	4.5	1.9	1.8

资料来源：根据中国人民银行 2018 年发布的《2017 年支付体系运行总体情况》，易观 2018 年发布的《中国跨境支付行业专题研究 2017》，艾瑞 2017 年发布的《2017 中国第三方移动支付行业研究报告》等资料再整理。

(二) 以非银行支付机构为主导的背景

中国移动支付市场为何由非银行支付公司主导？可以从两个角度分析中国支付结算市场移动支付尤其是非银行支付结算公司快速增长的原因。

一是分析移动支付相对于互联网支付快速增长的背景。二是分析非银行支付结算机构如何引领移动支付。

1. 社会间接资本从有线通信到无线通信的飞跃

中国虽然国土面积位居世界第三，但人均国内生产总值仍处于世界第70位中等收入国家的水平。而且东部沿海地区与中西部内陆地区、城乡之间的收入差距非常大。因此，社会间接资本的地区差异也非常大。自2000年中国开始经济加速增长以来，在建立通信相关基础设施的过程中，比起需要有线连接中国全境的有线通信，更喜欢可以连接通信卫星和基站的点的无线通信。例如，2005年以后，我国基于固网通信的固定电话普及率开始下降，而基于无线通信的电话（手机）普及率开始急剧上升。一方面，2005年城乡固定电话普及率分别为0.94和0.58，2010年为0.81和0.61，变化不大。相反，2012年城乡固定电话普及率明显下降至0.68和0.42。另一方面，2005年城乡移动电话普及率分别为1.37和0.05，2010年分别增至1.89和1.37，2012年分别增至2.13和1.98，如图3-5所示。

在2000年，中国的通信相关基础设施从有线通信到无线通信发生了阶段性飞跃，这是因为中国国内外经济环境起到了重要作用。在国内，由于中国的有线通信基础设施直到2005年才充分建立，因此可以将重点投资基于无线通信的基础设施作为一项政策。此外，2000年以后在全球信息通信和手机产业爆发式增长的形势下，中国政府积极投资以无线通信为基础的社会间接资本,作为推动中国无线通信产业发展的一项政策。

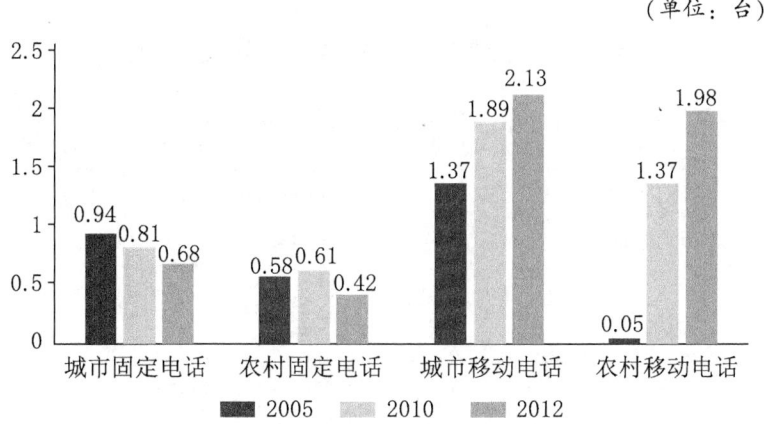

图 3-5　中国城乡固定电话和无线电话普及率

注:基于每户普及率。

资料来源:《中国统计年鉴(2017)》。

尤其是无线电话(移动电话)的普及,在短时间内缩小了城乡电信基础设施的差距。截至 2013 年,城市移动电话普及率为 2.06,农村移动电话普及率为 2,两者相差不大。在基于无线通信的移动电话在农村和城市广泛普及的情况下,随着具有个人电脑功能的智能手机的普及,网络购物迅速被手机购物取代。虽然能够进行手机购物的智能手机在城乡之间的普及率没有显著差异,但作为互联网购物基础的电脑普及率在城乡之间存在很大差异。截至 2013 年,城市电脑普及率为 0.72,而农村地区电脑普及率仅为 0.2 台,城市普及率是农村普及率的 3.6 倍。电脑普及率与移动电话普及率的差异,可以作为农村和城市地区网络购物和手机购物的基础,2016 年基本保持不变。截至 2016 年,农村移动电话普及率已超过城市移动电话。

但从电脑普及率来看,城市普及率为0.8,农村普及率为0.28,城市普及率是农村普及率的2.9倍。

表3-11 城乡移动电脑普及率与电脑普及率对比

(单位:台/户,%)

分类	2013年	2014年	2015年	2016年
城市移动电话(A)	2.06	2.17	2.24	2.31
农村移动电话(B)	2	2.15	2.26	2.41
A/B	1.0	1.0	1.0	1.0
城市电脑普及(C)	0.72	0.76	0.79	0.8
农村电脑普及(D)	0.2	0.24	0.26	0.28
C/D	3.6	3.2	3.0	2.9

注:基于每户普及率。
资料来源:《中国统计年鉴(2017)》。

2. 从网络购物到移动购物的飞跃

随着中国的信息通信基础设施从有线通信迅速向无线通信转变,网络购物发生了翻天覆地的变化。中国的网络购物已经从基于有线通信的电脑网络购物迅速转变为基于无线通信的移动购物。2013年第一季度,基于有线通信的电脑网络购物占网络购物总量的91%,而基于无线通信的智能手机移动购物仅占9%。然而,这一比例已经急剧逆转。截至2017年第二季度,电脑网络购物占比仅为19.6%,智能手机移动购物占比为80.4%。购物的趋势已经从网上购物转向移动购物。

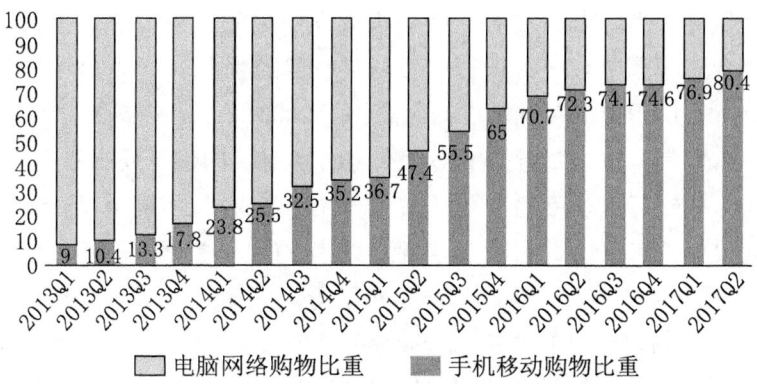

图 3-6 中国电脑网购和手机购物占比

资料来源：易观（2017），2017 年市场第 2 批中国移动网购交易规模达 12 794.2 亿元。作者根据《跨领域生态化布局后的资源合纵连横运营》再整理。

3. 银行网上支付系统不足与非银行支付公司互补

如上所述，自 2000 年以来，中国的在线支付和结算市场已从基于有线互联网的支付迅速转变为基于无线移动的支付。支付宝等非银行支付结算机构正在推动无线移动支付市场的增长。从最近的移动支付市场以及之前的有线互联网支付市场开始，非银行支付结算机构在支付和结算市场中发挥了重要作用。

过去非银行支付结算机构之所以在有线互联网支付系统中发挥重要作用，是因为当时银行的在线支付系统非常落后。直到 2001 年 12 月，中国以加入世界贸易组织（WTO）的条件开放金融市场时，中国的银行业务非常落后，因为它实际上是作为国有银行垄断体系运作，没有竞争。当时的支付结算系统仅通过银行进行，而跨行支付系统的设备并不完善。甚至在同一家银行，地区之间的支付系统也不同，导致无法在其他地区使用银行卡或ATM机。中国银行的网上电子支付系统于2002年开始建立,当时中国政府开始牵头成立中国银行业协会,该协会整合和管理所有中国银行的互联网计算机系统,银联是中国银行卡和信用卡的在线网络运营商,于2003年8月正式成立。

但是,中国银行关于网上支付结算系统的建设还很不完善。银行的银行卡、信用卡发行和ATM机、POS机、网上银行网站建设仍然滞后。直到2005年后,人均信用卡数量仅为0.02张。截至2009年,我国人均银行卡数量为1.54张,人均信用卡数量仅为0.13张。中国信用卡行业发展趋势如图3-7所示。与之相对比,2009年韩国人均信用卡拥有量为2.2张,是中国的17倍。

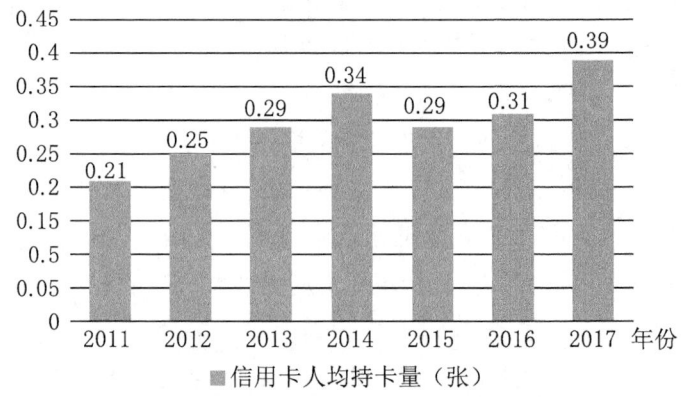

图3-7 中国信用卡行业发展趋势

资料来源:参考产业发展研究网《2018年中国信用卡行业市场现状及发展趋势预测》一文。

2005年之后,中国各大银行的网站和网上银行系统也已建成,地方中小银行和村镇银行直到2009年左右才建立网上银行网站。非银行网络电子商务公司弥补了这种银行网络电子结算系统落后的基础,在网络电子商务市场构建起电子结算系统。

阿里巴巴成立于1999年，开始在互联网电子商务领域迅速发展。基于B2B（企业对企业）电子商务的成功，2003年B2C（企业对个人）电子商务网站淘宝（天猫）也成功上线，成为中国领先的互联网电子商务公司，成长迅速。阿里巴巴于2003年推出了支付宝，一种互联网电子商务支付系统。为建立与互联网电子商务相关的支付结算体系，中国政府允许当时全球电子商务国际支付的领头羊PayPal进入中国，并由此开始建设互联网电子商务支付系统。同时，也刺激了支付宝等中国本土电子商务支付系统的发展。当时，阿里巴巴推出了一种以支付款预付（第三方支付Escrow）形式的支付系统。与PayPal不同，后者在互联网商务中采用买方付款直接转入卖方账户的方式。在第三方支付形式的支付宝支付系统中，当买家在购买产品时向支付宝账户转账时，卖家在支付宝上查看定金明细并发送产品，买家收到商品后确认收货。接到产品到货通知后，支付宝最终将款项打到卖家账户，付款完成。这种方式比PayPal的电子商务支付方式更适合中国的电子商务情况。

支付宝凭借全球电子商务支付系统PayPal在中国电子商务竞争中占据上风，最终PayPal退出了中国互联网支付市场。此后，支付宝以50%的市场份额在中国互联网电子商务支付系统中占据第一的位置。截至2010年第一季度，支付宝在互联网支付结算市场的市场份额为47.1%，其次是腾讯财付通，占20.4%。这两家非银行支付结算公司以超过2/3的份额主导了互联网支付市场。同时，银联推出的电子支付平台（银联电子支付China Pay）的市场份额仅为7.1%。尤其是曾经主导互联网电子支付的支付宝，已经发展成为一种电子支付结算方式，不仅在阿里巴巴的互联网电子商务网站上，而且在其他互联网电子商务网站上也得到了广泛的应用。

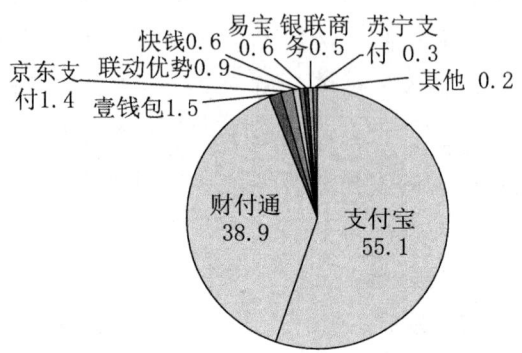

图 3-8　中国互联网支付市场份额（2019 年第四季度，单位%）

资料来源：参考产业发展研究网《2019 年中国第三方移动支付行业交易规模、牌照数量及市场结构分析》一文。

2019 年第四季度中国第三方移动支付市场依然保持市场份额比较集中的情况，第一梯队的支付宝、财付通分别占据了 55.1%和 38.9%的市场份额。第二梯队的支付企业在各自的细分领域发力：其中，壹钱包在商户端进一步向金融、航旅、文娱、零售等行业输出科技服务，在客户端通过平安集团"108 财神节""黑五海淘""双十二"等运营活动，持续为用户提供优质丰富的理财、购物体验；京东支付针对大型商超零售场景在全国近百个城市、千家门店推出了智能收银解决方案——自助收银机，以"自助收银+人脸识别"的方式提升用户结算体验，交易规模排名第四；联动优势受益于平台化、智能化、链条化、国际化战略，推出面向行业的支付+供应链金融综合服务，促进交易规模平稳发展；另外，快钱在万达场景如购物中心、院线、文化旅游等场景快速扩展；易宝支付加大营销力度，在航旅领域持续发力；苏宁支付致力于线上线下结合发展，为客户端消费者、商户端商户提供便捷、安全的覆盖线上线下的全场景支付服务。

4. 非银行支付结算公司支付结算领域扩展

支付宝等基于互联网电子商务的非银行支付结算平台之所以能够得到广泛应用，是因为这些非银行支付机构的支付结算领域迅速扩展到了以前被列为银行专属支付和结算的领域。例如，从 2008 年 10 月 25 日的支付宝开始，中国金融当局允许非银行支付平台支付水电费、排污费、电费和电信费等公共服务费。随着非银行支付机构完善银行网上支付结算系统，我国非银行支付机构的支付领域得以持续扩大。此外，从 2010 年开始，支付宝和国内的银行联合推出了银行卡和信用卡的"快捷支付"。非银行支付机构的简单支付不仅迅速扩展到支付宝，也迅速扩展到其他非银行支付机构。尤其是这些非银行支付机构利用快捷支付的能力，成为 2010 年后非银行支付机构在移动支付结算领域快速增长的重要推动力。

2013 年以来，支付宝大幅改变移动支付 App 的同时，进化和发展成为强化创新金融服务的"移动电子支付"。2013 年，支付宝对其应用程序进行了重大改革，升级到移动支付 7.0 版本。当时，支付宝移动支付 App 改革的关键是引入创新金融服务。

自此，阿里巴巴奠定了支付宝账户发展成为可用于主动资产管理、在线保险、股票交易等各种金融活动的金融账户，而不仅仅是在线支付的手段。2013 年 6 月，使用支付宝账户的移动资产管理基金产品余额宝被认定为比银行活期存款更方便、更有利可图，支付宝取代了银行活期存款账户。阿里巴巴通过提供基于支付宝的新型金融服务，引领中国金融科技创新。

托管账户	2004年第三方支付 托管互联网电子商务支付
预付电子支付 电子支付结算机构	2005年独立的客户账户 与附属银行建立差额支付系统，降低支付费用 不同的商业模式
电子账单支付	2008年缴纳公共服务费用 水电、通信、供暖费等
便捷支付 便捷汇款	2010年二维码+密码（身份证明） 支付宝72小时内全额退款，事后责任制
移动电子钱包	2013年支付宝账户+资产管理+O2O 余额宝，线上、线下手机支付，共享经济

图 3-9 支付宝支付结算业务领域拓展进展

资料来源：参考廉薇等所著《蚂蚁金服：从支付宝到新金融生态圈》一书再整理。

5. 非银行支付结算公司线下支付结算领域扩展

2013年以来，阿里巴巴基于支付宝移动支付的优势，通过结合各种O2O生活服务，着力替代线下现金支付。随着支付宝在2013年演变为"移动电子钱包"，它开始在线下支付而非现金支付方面脱颖而出。在中国，直到2010年初，现金支付主要用于线下支付，因为银行卡和银行信用卡的渗透率较低。例如，2009年中国人均银行卡和信用卡数量分别为1.5张和0.1张。但2009年，韩国银行卡和信用卡的持有量分别为4.9张和2.2张，明显高于中国。中国和韩国线下电子支付基础设施的比较如表3-12所示。

相较之下中国处于非常落后的状态，因为2010年初线下支付系统仍以现金为基础。例如，许多假币在流通，因此既要支付鉴定假币的成本，又要支付发行货币的社会成本。在这种情况下，由于我国个人征信系统或银行电子支付系统的发展还不够完善,银行卡和信用卡的发展比较滞后。此时,支付宝等非银行支付结算系统积极拓展线下支付,以"移动电子钱包"功能取代现金和线下银行卡,最终产生了这样的结果。支付宝通过使用基于二维码的简单支付替代线下支付市场的现金和银行卡,降低了安装单独支付终端(POS 机)的成本。支付宝积极利用智能手机具有出色安全功能的特性,智能手机完全个性化,包括从打开时开始的个人验证功能。因此,只需输入二维码和密码就可以进行简单的支付,从而通过"降低小额支付的交易成本"来确保信用卡和银行卡的竞争力。此外,人脸识别、指纹识别等生物识别安全功能进一步加强,利用基于智能手机应用程序的移动电子钱包,以简便的支付方式发放信用卡和管理收据,大大减少了独立商户支付终端的费用。

表 3-12 中韩线下电子支付基础设施比较

分类	人均银行卡持有数(张)	人均信用卡持有数(张)	每万人自动取款机数(台)
韩国(A)	4.9	2.2	21
中国(B)	1.54	0.14	2
A/B	3.2	15.7	10.5

资料来源:根据韩国银行经济统计系统、中国人民银行 2018 年发布的《2017 年支付体系运行总体情况》等资料再整理。

此后,支付宝在线下移动支付市场取得优势的过程中,不断演化为面向金融消费者的各种 O2O 生活服务金融科技创新。支付宝在各种生活服务中的移动化创新,更便捷地改变了中国人现有的生活方式。现在,通过中国的支付宝手机 App,可以搜索和支付各种文化内容、移动教育、移动医疗、美容家政等生活服务。在交通领域，可以在支付宝手机 App 中搜索并支付航空公司、火车、出租车、共享汽车、共享单车等服务。此外，餐饮企业的搜索与支付，酒店、旅游指南的搜索与支付等O2O生活服务也在快速演进和发展。目前，支付宝的移动生活服务正在与阿里巴巴现有的电子商务和交付服务产生各种协同效应。

第六节　韩国的移动支付发展过程

一、使用短信的移动支付服务（1999—2001年）

随着 Internet 的普及和在线小型交易的增多，例如装饰微型主页，下载游戏项目、音乐或铃声，消费者和企业需要找到一种进行小额付款的方法，而不是信用卡或银行转账。当时最常用的在线支付方式是信用卡，但由于安全性差易导致信息泄露，因此消费者不愿意为了支付几百韩元而去使用它。关注这些需求的公司是"Danal"，它提供了铃声下载服务。Danal 着眼于手机充分普及、用户经常使用手机的事实，并与 SKT 签订了合同，并且在2000年7月，世界上第一个手机支付"Teledit"服务实现了商业化。[1]随后，Infohub 和 Mobility 开始提供类似的服务，并且基于手机的小额支付市场迅速稳定下来。

在早期的移动支付中，购买者输入个人手机的电话号码，移动支付服务商通过移动通信运营商的认证程序，以短信方式向购买者发送交易批准号，收到该许可的购买者从商城中输入

---

〔1〕 김남국："明天我要做什么新业务？"，载《东亚商业评论》2010年第3期。

相应的批准号码，购买金额通过手机话费扣除，并以事后告知的方式进行。从用户的角度来看，这具有减少安全问题、付款方便以及每月为公司进行系统计费的优点。但这一时期，移动支付主要仅用于少于 1 万韩元的内容支付。[1]

与此同时，手机银行服务随着手机的广泛普及而推出。手机银行是一项允许用户使用手机查看银行服务的服务，这一时期的手机银行是为银行的便携性而不是为商业支付而创建的。但是，对于实际上不持有信用卡或不偏好信用卡交易的消费者来说，它常被用作无折存款结算的手段。

韩国农业协会联盟（NACF）于 1999 年 11 月推出了韩国最早尝试的移动银行服务，即 SMS 服务（短消息服务）。[2]这是客户通过手机短信，只使用账户信息查询等服务，但是由于缺乏识别性和安全性的问题而未被广泛使用。

对于消费者而言，开始了解手机银行是因为 2001 年通过银行和移动运营商的合作。该合作通过 SMS 服务和 WAP（无线应用协议）方式向消费者提供 KTF "Pay Magic" 和 SKT "Nemo" 服务。这些服务通过用手机连接互联网，只要输入对方手机号码，可以提供最高可汇款 50 万韩元的服务。N. Pay Magic 从普通商店通过无线网络发送手机号码的方式代替了现金或信用卡，从最初的转账，到购买物品及支付各种网络收费项目均可实现，但最终由于用户不多而中断。而 SKT 的 "Nemo" 服务在 11 个月内吸引了 200 万名用户，初期引起相当大的关注，这也被银行界视为一种威胁。与住宅银行（现国民银行）通过 KTF（现

---

〔1〕 신용재、신영미："国内移动支付服务的历史考量和启示"，载《商业历史》2016 年第 2 期。

〔2〕 김경희："金融科技行业趋势展望与信息安全行业技术现状"，载《知识产业信息服务》2015 年第 1 期。

KT)提供的银行主导型"N. Pay Magic"不同，Nemo 是利用集资管理（CMS）服务，自行管理所有顾客交易信息的本公司主导型服务，提供服务的公司有志于将来扩展到无线金融交易渠道。Nemo 的情况是，不使用银行联合结算网，利用 SKT 的虚拟账户，在没有手续费的情况下提供各种免费服务，不仅可以收婚礼礼金、吊唁金、赞助金，还可以提供餐费 AA 制收费方式。如果信用卡公司愿意，还可以提供让顾客用信用卡积分兑换现金使用的服务。但是后来，日用户数逐渐减少，甚至发生了通过服务非法提取存款等安全问题，于是在 2004 年 4 月 SKT 中断了 Nemo 服务。事实上，Nemo 当时提供的服务与现在提供的各种服务类似，但即使不是黑客等安全问题，也不是当时的智能手机环境因手机的小屏幕引起的操作不便、通信速度慢和对其费用的负担等问题，当时的移动支付对很多用户来说也很难日常使用。

二、使用金融 IC 芯片的移动支付服务（2002—2005 年）

SKT 于 2002 年推出了"Moneta"电话，允许用户通过配备有金融 IC 芯片的手机使用"Moneta"卡，该卡是多功能卡，如信用卡、交通卡和积分累积。通过 Moneta Phone，消费者可以在无线互联网（NATE）上的购物中心使用信用卡，VISA Cash 和 OK 现金返还点，以通过链接的信用卡和链接的银行账户提供 Visa Cash（电子货币）收费服务。可以说这是金融科技服务的原型，该服务提供了诸如现代移动电子钱包之类的复杂功能。为此，SKT 在大型零售商店、百货商店、特许经营店以及餐馆等一般商人中安装了 40 万个 Moneta 终端。除投资费用外，基础设施建设就花费了 800 亿韩元。[1]继 SKT 之后，KTF（现为 KT）和 LGT（现为 LG Uplus）也竞争加入了该业务。韩国电信（KT）推出了 K-merce 付费电话，而 LGT 也推出了 M-Commerce 卡式电话。然而，由于商家需要安装单独的阅读器并且用户必须配备有金融 IC 芯片的移动电话等限制，这些服务不能确保商家和用户足够的安全。此外，这些服务之所以失败，是因为它们已经深深地陷入了金融运营商（银行、信用卡公司等）与电信运营商之间的利益竞争中。[2]

自 2003 年以来，使用金融 IC 芯片的移动支付服务不断出现。2003 年 9 月，LGT 与国民银行（Kookmin Bank）合作推出了银行对银行的"BankOn"服务，并且与国民银行、复兴（Chohung）、友利（Woori）、第一（Cheil）、外汇（Foreign Exchange）、新韩（Shinhan）、韩亚、大邱、釜山、光州、全北、庆南、农协等银行一并通过手机银行克服了劣势市场。2004 年 3 月，SKT 为复兴、友利、新韩、韩美、韩亚、光州、济州、全北、庆南和农协提供了"M 银行"服务。KTF 与复兴、友利、国民、新韩、韩亚、釜山、农协一起推出了"K Bank"服务。[3]但是，这些服务仅可通过配备金融 IC 芯片的手机获得，因此消费者无法普遍使用。

三、使用智能手机的移动支付服务（2006—2009 年）

2006 年，SK Communications 与新韩银行建立了业务联盟，通过聊天软件 NAVER，推出了无发放银行账户即可进行资金往

---

〔1〕 韩国金融电信清算所金融结算研究所："国内金融科技讨论的思考：平衡'金融科技落后国论'"，载《支付结算与信息技术》2015 年第 1 期。

〔2〕 이건범、이후록："支付结算服务及政策方向变化"，载《经济发展研究》2015 年第 4 期。

〔3〕 参见网址：https://blog.naver.com/sanghyun1199/20161320201.

来或在网上购物结算的"迷你银行"（mini bank）服务。[1]该服务在NAVER聊天上创建了50万韩元（3000元人民币）以内的虚拟账户，方便付款、存款、转账等常用的金融服务。换句话说，迷你银行服务的特征在于，如果将其连接到NAVER聊天程序，则可以随时随地进行汇款且无须知道对方的银行账号。但是，由于交易量和手续费较少，迷你银行服务于2009年1月终止，距发行不到3年。在接下来的时期，由于环境变化，如改善手机功能、引入移动网络、统一费率计划和加强安全性等，移动银行得到一定的发展。从2007年友利银行推出"VM移动银行"开始，友利银行利用不在手机上记录金融信息的纯软件方式——虚拟机（VM）方式，在多家银行提供了移动银行服务。2009年，韩亚银行首次引进了最常见的手机银行形式——智能手机方式的"韩亚N银行"。

也正是在此期间，智能手机上的信用卡才出现。2007年，新韩卡在世界范围内首次与SKT和Visa韩国合作发行了"U-sim移动卡"。U-sim卡将信用卡用户的个人信息放入智能手机中的U-sim芯片中，从信用卡公司获得用作移动卡的信用卡，将个人信息下载到U-sim芯片上，就可以像信用卡一样使用智能手机。在这个时期，手机网购还没有活跃起来，这种形式的手机信用卡在线下支付时，可代替现有塑料卡片式信用卡的用途。但与以汇款或资金转账为主的生活中常使用的智能手机不同，手机信用卡脱机使用，对用户来说并不熟悉。因为并没有多少用户感觉到必须用移动信用卡取代塑料卡片式信用卡，因此它没有普及。

---

[1] 参见网址：https://news.mt.co.kr/mtview.php?no=2007050311314583237。

第三章　中韩移动支付发展过程及现况分析

四、涵盖在线和离线的移动支付服务（2010年之后）

（一）移动信用卡分为U-sim方式和App方式

自2010年以来，随着智能手机的普及，在线购物已逐渐扩展到移动设备，与此同时，移动信用卡也开始普及。从这个时候开始普及的信用卡不仅可以用于线下，还可以用于网上交易，这与以前的移动信用卡不同。移动信用卡到目前为止通过多种主体以多种形式普及，但如果将它们大致分类，可以划分为两种：一种是U-sim卡方式，另一种是App方式。如前所述，第一种方式出现在2007年。2010年3月，Hana SK信用卡和BC信用卡分别推出了"Hana SK Touch Seven"和"Upton Card"。[1]如果信用卡公司发放了用作移动卡的信用卡，并且个人信息已下载到SIM卡芯片，则智能手机可以像信用卡一样使用。U-sim方式是将信用信息存储在SIM芯片上，而不是特定的软件上，因此即使关闭智能手机也可以进行付款。因为使用的是近距离无线通信（NFC）方式，所以只要把智能手机靠近收款机就可以扣款。但问题是，需要向顾客发放新卡，这一点较为麻烦，并且商户也要安装约10万韩元的专用NFC收款机，这无疑也是一笔额外支出。金融IC芯片的移动支付服务无法解决这一问题，这是导致其失败的主要原因。

2011年，新世界购物中心首次与新韩信用卡、KB国民信用卡，现代信用卡和BC信用卡公司合作推出了基于应用程序的移动便捷支付服务。这是一种简单的付款服务，其出现目的是简化

---

[1] 信息通信政策研究所："基于NFC的移动支付和结算市场的利害关系分析和影响"，载《信息通信政策研究所趋势报告》2011年第6期。

2010年左右的在线信用卡付款，并随着智能手机的普及向移动设备付款。将现有信用卡卡号输入后，只需预先注册ID和密码，用户就可以方便使用。作为基于App的快捷支付服务的例子有韩亚SK信用卡公司的"智能支付"、SK Planet的"Pay pin"，以及KT的"Moca Pay"。

2013年，国民、新韩、三星、乐天、农协、现代信用卡等韩国6家主要的信用卡公司推出了可以共同使用的App信用卡。如果基于U-sim芯片的移动卡是由通信运营商主导的，那么App信用卡可以被看作与之竞争，努力将主导权带到金融领域。App信用卡是指在不发放单独的信用卡的情况下，将现有的卡在App商店下载的应用程序中注册使用的方式，如果在智能手机上下载特定的应用程序，就可以生成一次性条形码，只要更新现有的条形码阅读器就可以付款结算。商家的优势在于，所有付款都可以通过条形码、QR码等进行。[1]相反，如果手机关闭则难以使用，并且还存在每次付款都需要获得一个一次性卡号的问题。

2011年，推出了KG Mobility的M-Tic和Danal的Bar Tong，该服务允许用户使用手机上生成的条形码在现有的商户POS机上付款。M-Tic或Bar Tong等手机小额支付服务在无须额外支付方式认证的情况下，只须下载App就可以使用，与信用卡或银行转账相比，输入内容少，因此很实用。这也是手机小额支付服务与手机银行一起被评价为拥有最多用户的移动支付服务的原因。手机小额支付服务特别是对于没有信用卡的用户来说，可以成为很好的后付支付替代方案，对于商户来说无须安装额

---

〔1〕参见网址：https://biz.chosun.com/site/data/html_dir/2013/09/09/2013090902592.html。

外的阅读器，就可以利用现有的商户 POS 机支持线下支付。基于这一点，随着未来智能手机基础的扩展，预计手机支付服务的用户数量将持续增长。但是，线下使用的手机小额支付服务的缺点是从驱动 App、生成条形码、按下密码等到支付的过程太长。

2012 年，由金融结算院主管、KG Mobilians 和 Danal 开发的电子借记支付系统登场。这是应用了现有公司的手机小额支付 M-Tic 和 Bar Tong。电子借记支付系统分为条形码方式和 ARS 方式两种。但有人指出，电子借记支付系统的局限性是每天的使用限额为 50 万韩元。

（二）简易付款服务

进入 2013 年以来，金融结算院与 18 家商业银行一起推出了核心功能"银行钱包"服务，其中包括可以办理多家银行现金卡的"移动现金卡"和充值式预付卡"银行货币"。该服务能够汇款，付款和从 ATM 取款，但仅在配备 NFC 的手机上可用。[1] 银行钱包服务上市时只有 SKT 用户才能有限度使用，之后也扩大到 KT 用户，但 LG U+顾客不允许使用。人们认为限制用户范围等方面对银行钱包服务的活跃起到了负面作用。另外，银行钱包服务的应用程序完成度也在下降，再加上商业银行害怕本公司移动银行服务用户减少，因此很难确保足够的用户。

金融结算院和 Daum Kakao 决定推出改善银行钱包服务的"Kakao 银行钱包"，并于 2014 年 11 月开始提供服务。Kakao 银行钱包提供了在银行充值现金的"银行货币"和可以通过手机使用现有银行现金卡的服务"移动现金卡"功能。银行钱包分

---

〔1〕 백영미、박정희:"移动支付市场的近期状况和跨境电子商务公司的影响"，载《电子商务研究》2013 年第 3 期。

为只能在网上使用的简易型和通过 NFC 在线下也可以使用的形式。银行钱包仅基于 Kakao Talk 来针对 Kakao Talk 朋友,并且其实际利用率很低,原因是只允许向安装该应用程序的人进行简单的转账,而且目前还没有很多商户。[1]然而,随着最近金融科技的热潮,非金融公司正逐渐转向移动支付服务。结果,现有银行正试图加强相关服务,以使其在移动支付服务市场中不占优势。此外,互联网银行的出现使现有银行可以率先向金融部门以外的其他实体进行支付结算的风险越来越大。结果,友利银行推出了自己的简单汇款服务"Wibee Bank",IBK 推出了"i-one Bank"。

  此外,近年来从线上开始,并将其应用扩大到移动领域的各种"支付"服务,让人更加具体地感受到了这种金融圈的危机感。这是因为根据政府的快捷支付激活政策,用户每次结算时都没有必要向信用卡公司查询信用信息。因此,支付服务不是由金融公司主导,而是大体上由非金融企业主导,参与服务实施的主体多种多样,如电信公司、终端制造商、操作系统平台公司、各类在线服务公司等。除 Daum Kakao 的"Kakao Pay"、Naver 的"Naver Pay"、NHN Entertainment 的"Payco"、SK Planet 的"Syrup Pay"、BC Card 的"Pay All"和三星的"三星支付"之外,还提供各种支付服务。在移动支付服务领域竞争激烈,这些服务有多种形式,如通过拍照或输入信用卡信息注册后仅使用密码进行支付的服务。

(三)复合结算手段

  顾名思义,移动钱包是一种试图替换用户钱包的服务。换

---

[1] 강철승:"韩国金融科技生态圈建设方向",载《韩国商业协会综合学术论文集》2016 年第 8 期。

句话说，移动钱包是一种旨在包括钱包中通常包含的所有会员卡、折扣券、现金、信用卡等的服务。最近出现的许多移动支付服务最终都在追求移动钱包形式。根据全球移动通信系统协会（GSMA）的说法，这种趋势在海外也是如此。该公司在84个国家/地区拥有219个移动钱包系统，在全球拥有6000万个活跃钱包。但是，最初的移动钱包服务在智能手机应用程序中包括各种商户折扣卡和会员卡，而没有其他选择。例如，SKT推出了"智能钱包"，其中包括OK Cashbag，这是虚拟货币的典型成功案例。从那时起，KT和LG U+还推出了Smart Wallet和Olleh My Wallet。Smart Wallet的特点是，虽然是运营商推出的服务，但为了扩大用户，无论用户使用的运营商如何，都没有在加入上设置障碍。

2012年，KT通过整合Olleh My Wallet和现有的Ubipay服务而启动了Mocha联盟，与60多家公司（包括金融公司、分销商和社会贡献组织）发起了MokaPay和Mocha联盟。用户可以在MokaPay中管理和使用所有优惠券、会员资格、信用卡、支票卡、银行账户、礼券、电子货币、优惠券、会员资格等。由于有金融公司参加，Mocha提供多种支付结算服务，除NFC外，还允许通过条形码、二维码等进行结算。在该服务的情况下，现有的支付结算将信用卡信息发送到商户所有的终端后，有可能会暴露个人信息。通过智能手机应用程序将从商户发送的支付请求信息经过用户利用智能手机自行批准的这一结算方式提高了安全性，这一点值得关注。

此外，进入2012年以来，韩亚银行推出了"韩亚N钱包"，新韩信用卡公司推出了"新韩智能钱包"，三星信用卡公司推出了"m口袋"，新世界百货商店也推出了具备电子发票确认功能的"S钱包"。其中，韩亚N钱包还与SKT的智能钱包相连接，为提高无法NFC支付结算的商场的利用率，向智能钱包提供了可以充值使用虚拟货币的功能、在韩亚银行ATM机上提取功能、知道对方电话号码就可以汇款的服务等附加功能。[1]

此后，运营商移动钱包通过逐渐增加功能而得到改善。SKT的手机钱包更名为"Syrup"，目前不仅提供优惠券、各种会员卡、三星App卡、Paypin、Homeplus超市商品券、MT账户直接支付和手机小额支付、PayTalk、家庭账户等功能，还提供了以用户位置为基础，引导附近商店及发行优惠券的功能。

近几年推出的大部分支付服务都提供了手机银行、手机卡、手机小额支付等功能，通过与各种商户的合作，经常作为优惠券和会员卡等附加功能提供。例如，NHN娱乐公司于2015年推出了Payco，并且正在积极营销它。其可注册信用卡、手机小额支付、转账等可选服务，只需密码即可进行支付，将多个购物中心的ID捆绑在一起，管理购买明细或保管优惠券、积分和使用；与T-Money相结合，在T-Money，商户可以以NFC为基础进行结算。[2] LG U +推出的Paynow可以在信用卡、小额付款和电汇中选择一种付款方式，并且提供一项名为"Paynow Touch"的服务进行线下付款。该服务的特点是，支付时将消费者使用的电话号码告知商店，输入终端机后，就会通过该电话号码发送结算请求信息，在支付当事人的智能手机上进行支付批准即可结算。

2015年推出的三星支付，也提供类似的综合服务选择。三

---

[1] 비트허브(2015)："移动增强 vs 网上银行参与"，载 http://n894.ndsoft-news.com/news/articleView.html?idxno=3726，最后访问日期：2018年11月2日。

[2] 윤종문："新型支付结算技术的出现对支付市场和社会福利的影响"，载《支付结算学会论文集》2017年第1期。

星支付的特点是，只要在智能手机应用程序上注册韩国国内9家信用卡公司（乐天卡、三星卡、新韩卡、现代卡、KB国民卡、NH农协卡、城市卡、友利卡、BC卡）现有的信用卡，就可以不用其他阅读器，用磁卡阅读出信用卡信息进行结算。此外，三星支付还增加了指纹识别、一次性卡等保安装置，并通过推拉动作完成支付，客户注册友利银行账户后，还可以从ATM取款。三星支付消除了用户在各信用卡公司单独安装应用程序及支付阶段遇到的麻烦，解决了阻碍商户扩展的NFC终端机安装问题等，同时增加了追加功能，比现有的移动支付服务更进一步。[1]但也有人指出，虽然有这些优点，但由于用户的技术接受准备不足，再加上对安全性的担忧，三星支付的基础扩大并非易事。鉴于此，目前很难保证混合支付工具的成功。如图3-10所示，在移动支付服务的类型中，除手机小额支付和移动银行业务外，其他服务很少见。

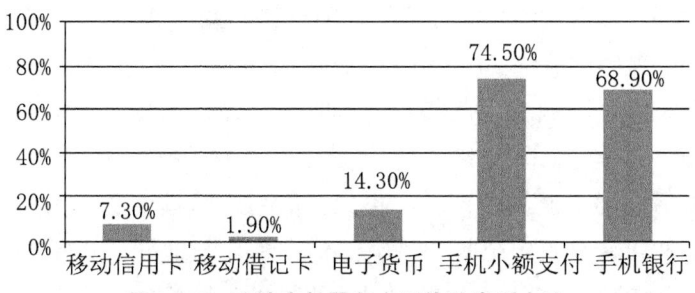

图3-10　移动支付服务主要体验类型占比

材料来源：这是一项调查的结果，该调查允许使用智能手机的19岁至59岁的成年人（463人）重复回答。

---

〔1〕서정호、김자봉："金融科技近期参与支付和结算市场的扩展及其影响"，载《金融VIP系列》2019年第6期。

第七节　韩国移动支付服务的增长背景

韩国互联网络振兴院（KISA）和科学技术信息通信部（MSIT）在 2019 年 4 月发布了"2018 年韩国金融科技企业手册"。手册中记载了韩国 302 家金融科技公司，资本金在 1 亿韩元以下的占 20.2%，1 亿—10 亿韩元的占 45.1%，10 亿韩元以上的占 34.7%，1 亿—10 亿韩元的企业最多。从领域划分来看，便捷汇款和支付结算企业有 55 家，区块链和虚拟货币企业有 27 家。

一、支付结算方式的变化

在支付市场中，直到 1990 年，结算市场主要使用现金。自 2000 年以来，现金交易开始减少，因为非现金支付——信用卡支付的比例持续增加。韩国的金融科技产业自 2014 年年末开始受到金融圈的关注。中小型信息与通信企业（ICT）推出各种便捷普惠的金融服务。例如，推出的便捷支付服务，无须个人数字证书和 OTP（动态口令），即使不知对方的银行账号，只要利用电话号码就能实现汇款。再如，信用卡管理业务，为持卡用户推荐在特定商店中折扣最大的信用卡，与此同时也推动了相应 IT 技术的发展。根据韩国银行的数据，截至 2017 年，韩国国内信用卡和借记卡的持有率分别为 80.2% 和 66.0%。信用卡的使用量增加，现金消费继续下降。

韩国银行关于 2017 年支付方式使用情况的调查结果显示，最近，已经越过"无现金社会"变成了"无钱包社会"。这是因为，不仅是现金，就连支票和信用卡都不用特意携带就可以实现支付。随着支付使用率的提高，周边的零售企业（如超级市场、便利店和饭店）中的小额支付也很容易看到，支付方式正变得陌生。

二、高速无线通信和智能手机普及率

ICT 技术的发展和迅速普及为新金融服务的应用提供了最佳环境。随着智能手机的普及，互联网服务的使用向移动设备的转移，通过智能手机进行的支付服务正在迅速普及。[1]尽管与其他国家相比，韩国后来才进入移动支付服务市场，但由于智能手机持有率高，其能够进行生物特征识别，加上快速的互联网环境，相关市场仍在快速增长。2017 年，韩国的平均互联网速度为 28.6 Mbps，连续 13 个季度保持世界第一，在宽带互联网普及率方面也位居第一。

此外，根据韩国 2017 年第一季度互联网状况报告，随着支持 NFC 或 MST 支付方式的智能手机的普及率不断提高，相关移动支付服务的使用也有所增加，而指纹和虹膜识别等生物身份验证技术的使用使得提供便捷的支付服务成为可能。值得一提的是，通过非面对面交易的网络银行的推出成为支付市场的新热点。

根据韩国互联网安全局 2017 年进行的互联网使用情况调查，过去一个月内互联网使用率一直保持在 90.3%的高水平，而每户智能手机的份额上升到 94.1%，比上一年增长了 5.6%。[2]

---

[1] 권용관、차재상："基于短距离通信的线下移动支付技术趋势分析"，载《韩国卫星信息通信学会会刊》2016 年第 1 期。

[2] 이지혜、정제민、이종식："移动 ICT 融合服务——开启物联网和 5G 超连接融合服务时代"，载《信息与通信公开课》2017 年第 2 期。

另外，由于智能手机的扩展，每个家庭的电脑拥有份额为74.7%，比上一年下降了 0.6%。2017 年，基于移动设备的网店平均每天的营业额为 1113 亿韩元，比上一年增长 34.9%。

三、政府相关行业的放松管制

韩国于 2015 年取消了限制电子金融发展的三种安全配套的设置（个人防火墙、密码键盘、病毒疫苗程序等）和必须使用的电子证书。金融监督院的安全性审议制度也随之消失。因此韩国国内的非金融公司快速成长，成为主导便捷汇款和快捷支付服务市场的主力。由于这种放松管制，韩国的移动支付服务的使用率持续增长。2018 年 10 月韩国政府为促进金融科技发展，推进行业规制改革设立专门机构，下设五个分支部门，以此针对金融科技企业大力促进投资，灵活运用数据，开发创新技术。

第八节 韩国移动支付市场规模

韩国发布了约 39 种移动支付服务，但是现在这些服务已经由三星支付、Naver Pay、Kakao Pay 和 Payco 等顶级公司进行了重组，如表 3-13 所示。2015 年 8 月三星支付推出移动便捷支付，两年半后，引领国内移动支付市场。2018 年 3 月用户超过 1000 万国内用户，累计支付 18 万亿韩元。以三星支付为例，它正在迅速扩展至在线支付，具有高度的便利性，只需将智能手机带到终端即可进行支付。拥有 Kakao Talk 应用程序的任何人都可以使用 Kakao 的 Kakao Pay 和 Naver 的 Naver Pay，Naver ID 的需求激增了 190 000 名在线商家以及付款、积分、收费和交付管理的需求。拥有自己的分销网络的分销公司和金融公司（如新世界和乐天）也正在进军这一市场，NHN 娱乐集团的 Payco 正在从便捷在线支付开始，并扩展到线下市场。

表 3-13 韩国主要的简便支付服务提供商

	服务名称	供应商	服务范围		上市时间	附加服务	使用人数（名）	累计交易额（韩元）
			线上	线下				
制造商	三星支付	三星电子	○	○	2015.8	公交卡、积分、银行服务	1000万（2018.3）	18万亿
平台运用商	N Pay	Naver	○	×	2015.6	naver shopping	2600万（2018.6）	12万亿
	Kakao Pay	Daum Kakao	○	○	2014.9	转账、会员积分、与支付宝合作	2300万（2018.8）	12万亿3000亿
PG公司流通公司	Payco	NHN Payco	○	△	2015.8	转账	800万（2018.8）	6万亿
	11 Pay	SK planet	○	×	2015.4		820万（2018.1）	4万亿
	SSG Pay	新世界 I&C	○	△	2015.7	新世界系列、线下、相关流通公司	600万（2018.3）	-
	L Pay	乐天	○	△	2015.9	乐天系列、相关流通公司	150万（2018.3）	1万亿
	Bae Pay	Woowahan	○	×	2017.2	本公司配送网站	-	-
移动公司	T Pay	SK Telecom	○	△	2016.3	T 会员积分	-	-

资料来源：根据信息通信技术中心和新闻报道材料整理。△代表只能在特定加盟店使用的情况。

但是与其他国家相比,韩国便捷支付公司所受监管的宽松程度和基础设施水平均不足。例如,《韩国个人信息保护法》的法规分散在17个政府部门的38部法律中,要想将服务推向市场的话,企业需兼顾众多部门的要求。随着近年来信用卡手续费问题等各种争议凸显,韩国政府和金融当局宣布废除"信用卡义务收付制",中小风险企业部门也为减轻工商业者的加盟店手续费负担,开始实行"零支付"。金融委员会为推进移动便捷支付发展制订了应对方案。中韩移动支付市场比较如表3-14所示。

表3-14 中韩移动支付市场比较

国家 类别	中 国	韩 国
一、发展背景对比	信用卡普及率低,费用高。因此,移动支付费用低,方便通用,很容易普及	1. 信用卡读卡器应用广泛,通用性和便利性都很高,收费也没有太大区别。特别是借记卡的费用与移动支付相同[1] 2. 换句话说,在通用性、便利性和改变的好处方面,激励没有强大到足以承受学习一种被称为移动支付的新支付方式的不便
二、用户群比较	1. 主要用户群体是二三十岁的年轻人,但中老年人的使用率高于韩国。在中国所有移动支付用户中,40多岁及以上的	1. 主要年龄段是20多岁和30多岁的年轻人 2. 从收入来看,在韩国,中高收入群体的使用比例很大

---

〔1〕 김희철:"关于引入纯互联网银行的法律问题和可取的实施方案的研究",载《阿南法学》2018年第28期。

续表

类别 \ 国家	中国	韩国
	用户占比为 16.49% 2. 收入方面，多为月收入 5000 元以下的中低收入群体使用。之所以这么分析，是因为二维码方式在商户成本负担低、用户准入门槛低的情况下，集中用于小额现金支付	
三、供应商服务模式对比	1. 在第三方金融科技公司的带动下，支付宝、财付通（微信支付）等第三方移动支付平台方式已经发展起来。此外，二维码扫描方式统一且分布广泛 2. 除信用卡和借记卡外，还可以通过将账户直接链接到平台使用 3. 最初的供应商亏损，通过降低费用获得了更多的加盟商，并通过向想要使用特许经营权的消费者提供折扣和返现等优惠来确保消费者基础	1. 主要的私营供应商是三星、Payco、Kakao 和 Naver 2. 三星支付使用智能手机中的应用程序信用卡和信用卡终端，Payco 仅在附属商店使用该应用程序，Kakao Pay 使用二维码方式，Naver Pay 使用在线注册的卡 3. 用于连接信用卡和借记卡。一种使用手机的卡支付形式（根据规定，目前还不能直接关联账户） 4. 目前，私人供应商正在通过折扣、合作伙伴福利、现金返还服务和积分积累获得消费者基础 5. 政府主导的零报酬分销。越来越多的加盟商使用，低费用，但难以确保消费者基础

续表

国家\类别	中 国	韩 国
四、相关制度比较	1. 中国政府在创造市场环境方面发挥作用，而不是作为服务提供者直接干预 2. 先执行政策，然后再扩大政策来处理出现的问题 3. 加强超过一定支付限额时的认证流程，并加强规定，如要求所有提供基于条码的支付服务的公司获得在线支付授权和银行卡获取业务授权 4. 中国金融部门宣布，将着力解决因两家公司垄断结构阻碍新经营者进入、阻碍消费者便利的问题，加强对个人信息保护的管理和监督	1. 韩国政府通过推出"零支付"作为服务提供者直接干预，在创造政策环境方面相当被动 2. 由于现有法规，移动支付的引入被推迟 3. 实施改革，如扩大支付限额，向金融科技公司开放仅限银行使用的金融结算网络。为了防止洗钱，它仍然需要与银行相同级别的客户验证，因此有一些限制，如需要居民登记号码和身份证复印件才能使用该服务。金融科技公司要求使用银行账号的简化身份验证方法

第四章
中韩代表性移动支付企业及发展比较

第一节 韩国代表性移动支付企业

在韩国,从 2013 年 11 月 LG U+的 Pay Now 上市开始,到 Kakao Pay(2014.9)、Samsung Pay(2015.8)出现,再到允许保管电子支付结算(Payment Gateway,PG)代理公司的信用信息,随着电子金融交易时废除认证书使用义务等相关规制的缓解,被称为"XX Pay"的移动便捷支付服务正在以网络为中心扩散。

目前在韩国可以使用的移动支付服务约有 39 种,从信用卡公司和银行等金融圈开始,到三星电子和 LG 电子等制造企业,再到门户网站服务、移动通信公司、流通企业等都投入了该市场,并进行着激烈的竞争。

2016 年起多数 ICT 企业进入了该市场,并出现了多向的服务,目前拥有用户便利性和线上线下平台的企业,排名位居前列的公司(Samsung Pay、Naver Pay、Kakao Pay、Payco)的影响力正在扩大。

一、三星电子的三星支付（Samsung Pay）

三星支付作为三星电子提供的移动支付服务，它是一种支持近距离无线通信（NFC）和磁安全传输（MST）方式的服务，而不是现有 App Card 使用的条码支付方式。它是三星电子于 2015 年 8 月首次推出的移动支付服务，并随着 Galaxy Note 5 和 Galaxy S6 Edge 的推出而宣布。截至 2016 年 10 月，Galaxy Note 5、Galaxy Note 7FE、Galaxy S6、Galaxy S6 Edge、Galaxy S6 Edge Plus、Galaxy S7、Galaxy S7 Edge、Galaxy A5（2016）、Galaxy A7（2016）、Galaxy A8（2016）、Galaxy A9（2016）、Galaxy A9 Pro、Galaxy J5（2017）、Galaxy J7（2017）和三星 Gear S2（仅限 NFC 模式）等设备支持三星支付服务。2015 年 8 月三星支付在韩国开始正式服务后，在美国、中国、俄罗斯、澳大利亚、西班牙、新加坡、巴西、波多黎各和泰国也开始了正式服务。与支付宝不同，它同时支持 NFC 方式和 MST 方式，因此即使在无法进行 NFC 支付的商店也可以进行支付。三星支付是基于被三星电子收购的美国风险投资公司 Loop Pay 的专利技术，通过磁场实现现有的磁力支付系统，将智能手机与普通卡支付终端接触来进行支付。

要想使用三星支付，首先要使用三星支付应用程序，通过卡号、指纹或密码登记及 SMS 认证等进行信用卡登记。登记信用卡后，信用卡号码将以加密状态传送到信用卡公司，然后获得虚拟信用卡号码"安全令牌"进行支付。手机上运行三星支付应用程序（或呼叫信用卡页面后），将手机贴近卡片机或直接触摸即可方便完成支付。以 2018 年 1 月为基准，该服务在韩国便捷支付服务市场占有率排名第一，移动支付应用程序排名第

第四章　中韩代表性移动支付企业及发展比较

一,主导着韩国便捷支付服务市场。而且与苹果支付不同,信用卡公司未向三星制造商的便捷支付收取手续费。得益于此,韩国银行和信用卡公司对三星支付的支持迅速实现。[1]

三星支付可以通过注册三星和新韩等 10 家信用卡公司的卡来使用。它可以在接受支票和信用卡支付的大多数商店使用,但新世界附属公司和某些商店无法支持加油业务。此外,截至 2016 年 7 月,新韩银行、KB 国民银行、友利银行和 IBK 兴业银行可提供存取款服务,而 NH 农协仅可提供存取款服务。

收购 LoopPay 后,三星电子收购了 MST 技术。MST 技术是一种无线传输信用卡磁信息的技术。三星支付不仅支持 MST,还支持 NFC 技术,因此具有无须更换现有信用卡终端的优点。

三星支付的核心技术是令牌化。令牌化在每个支付时刻创建并使用新的虚拟卡信息(令牌)。卡片公司生成虚拟卡号(令牌)和身份验证资格并将其发送给用户。用户接收到的数据存储在专用驱动应用程序 Knox 平台,令牌和认证资格信息存储在信任区域中。信任区域是一种软件技术,它允许需要安全性的软件在安全世界(Secure World)中安全地自动运行。[2]现在,当使用用户的智能手机进行指纹认证以进行支付时,将支付信息和虚拟卡号值与存储的令牌相结合的一次性支付信息被创建并通过商户的支付终端传输到信用卡公司。信用卡公司将虚拟支付信息与实际信息进行比对后批准支付。因此,即使智能手机丢失,其他人也无法使用手机支付。在隐私方面,三星支付将预付卡、借记卡和信用卡存储在一张虚拟卡中,因此在支付

---

〔1〕박현선、김상현:"技术、个体和情境特征对移动简单支付服务使用意愿的影响——主观规范的调节作用",载《数字融合研究》2018 年第 6 期。

〔2〕변정우:"区域一流酒店多维服务便利性、感知价值、顾客满意度与行为意向关系研究",载《酒店管理研究》2010 年第 1 期。

时不会泄露个人信息。

据《商务韩国》(Business Korea)报道,三星支付的总交易量在推出 44 个月后,于 2018 年 4 月底超过 40 万亿韩元(3368 亿美元,订户数量已超过 1400 万)。三星支付的使用率显著提高,主要是因为市场的便利性和多样性等几个因素。作为三星电子 Galaxy 系列等智能手机的基础 App 安装,平台用户扩展性极佳。三星支付的实施如图 4-1 所示。

图 4-1　三星支付的实施示意

二、Kakao 的 Kakao Pay

韩国知名媒体《韩国时报》(Koreatimes)报道,据韩国央行数据显示,自新冠疫情以来,2020 年韩国电子支付同比增长 32.7%,按日均交易额计算,创下 7055 亿韩元(6.24 亿美元)的历史新高,增长的主力由 Kakao Pay 等移动支付平台引领,移动支付 2019 年同比增长 59.4%,达到日均 4676 亿韩元(4.16 亿美元)。

Kakao Pay 是韩国 Kakao 公司推出的移动支付和数字钱包服务,允许用户进行移动支付和在线交易,支持使用近场通信和 QR 码进行非接触式付款。Kakao Pay 内置于韩国版微信——Kakao Talk 中。Kakao Talk 在韩国拥有 5200 万用户,是韩国最受欢迎的社交软件，在 2014 年推出 Kakao Pay，2017 年收到蚂蚁金服的 2 亿美元投资，目前是韩国第一大电子钱包，有超过 2600 万用户。[1]

　　Kakao Talk 作为韩国的代表性的通信商，推出了 Kakao Pay，首次使用 Kakao Pay 需要两个步骤。Kakao Pay 的用户注册了账号，输入借记卡或信用卡信息之后，它们进行金融交易时就不需要经过冗长的流程，只需输入账号密码即可。对于信用卡支付，与手机支付相比，Kakao Pay 是最简单快捷的支付方式。与过去使用电脑支付时安装公共证书或 ActiveX 的情况相比，这是一种非常方便的服务方式。但是，如果想购买价值超过 30 万韩元（人民币 1800 元）的产品，则必须获得数字证书。

　　此外，Kakao Pay 安装在 Kakao Talk 中，目前韩国 90%的移动用户在使用它，因此不需要新的应用程序。在使用现有的支付服务方式时，需要进行支付结算时，每次都必须手动输入每张卡的密码或通过数字证书进行身份验证，带来了不便和负担。[2] 为了消除这种不便，Kakao Pay 仅在第一次注册卡时才进行身份验证和密码注册的步骤。之后，在使用支付服务时只需输入预设密码，非常简单。此外，即使新注册多张不同终端的卡也可以使用相同的密码，现在注册商户的数量正在逐渐扩大。另一项服务 Kakao 银行钱包，是为了解决账户汇款的不便而开发的。这是由韩国金融结算公司和多家金融公司联合开发的一款将 Kakao Talk 与该服务相结合的服务产品，用户可以使用信息编辑发送少量资金，就像向存储在其 Kakao Talk 中的用户发送短信

---

　　[1] 구혜경：“韩国消费者回忆能力和回忆体验的研究”，载《数字融合研究》2018 年第 4 期。

　　[2] 남승규：“决策视角下的客户满意度和消费者参与”，载《韩国心理学会学术集》2010 年第 2 期。

一样（类似于微信当中的发红包）。因此，这样做的好处是不需要开设和交换账户信息以及个人财务信息。这些信息主要是个人之间的交易，所以不需要。作为基于 Kakao Talk 提供的移动便捷支付服务于 2014 年 9 月上线，支付方式为服务器式支付。人们可以通过在 Kakao Talk 中注册个人卡并在多个地方结账时输入密码来进行支付。该服务已包含在 Kakao Talk 中，无须重新安装应用程序，注册卡只需一个密码即可使用。此外，提供豪华出租车服务的 Kakao Black 于 2015 年 10 月发布，此服务仅可使用 Kakao Pay 支付。介入 Kakao Pay 后的支付流程如图 4-2 所示。

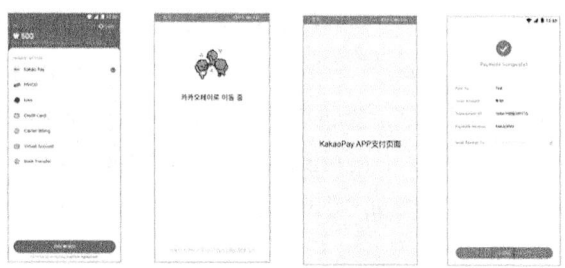

图 4-2　接入 Kakao Pay 后的支付流程

从 2018 年 5 月 9 日起，通过充值的 Kakao Pay Money 扫描 QR 码和二维码可以享受线下支付结算服务。线下支付时，因为并不是像苹果支付或三星支付那样依靠硬件技术的支持，所以在智能手机的品牌选择方面非常自由，利用二维码结算时有摄像头，POS 机结算时能显示一维码或者二维码的手机都可以使用其服务。2017 年 2 月 Kakao Talk 接受蚂蚁金服的投资，开始与支付宝合作，计划将中国的支付宝支付系统整合到 Kakao Pay 系统中，以利用支付宝全球网络寻求海外拓展。

三、Naver 的 Naver Pay

韩国最大门户网站和搜索引擎 Naver 于 2015 年推出移动支付平台 Naver Pay，进军互联网金融市场。它是一种简便的结算服务，用户可以提前登记银行账户、借记卡或信用卡，然后通过登记的结算手段进行支付。跟中国购物网站阿里巴巴的支付宝一样，仅通过一个 Naver 用户名，就可以在没有注册会员的情况下便利地进行购物、结算、配送及退货和换货管理等，甚至可以结算 Naver 音乐、电影、网络漫画等本公司的服务。在手机上大部分用户可仅以登录状态使用 Naver 服务，因此结算壁垒较低。Naver Pay 每次在不同使用领域支付时，除使用卡优惠之外，还可以追加累积 Naver Pay 积分。Naver Pay 积分是通过 Naver Pay 充值并获得的余额，可以在不同支付场景与现金的作用相同。包括在业主的网页、Naver 搜索广告、地图、博客、SNS 等，都仅需一个 Naver ID 即可享受免费预约服务。线下支付时，通过累积 Naver Pay 积分的银行及信用卡公司的合作卡，或者在 Zero Pay 加盟店通过以转账为基础的二维码代码支付方式，即可使用支付服务。

Naver Pay 能让用户轻松通过移动设备进行交易，只要输入对方的手机号码即可汇款，用户可选择用信用卡付款或从银行账户转账，免去了烦琐的身份验证程序。此外，即使不知道对方的账户，也可以通过对方的 Naver ID、手机号码、汇款记录自由转账。只需一个 Naver 搜索引擎的账号，就可以一次搜索产品、付款或退款，还可以为 Naver 音乐和网页版漫画等数字内容付费。目前，Naver 已与 14 家当地银行和信用卡公司达成合作意向，未来合作伙伴还将进一步增加。Naver 还与 53 000 家商铺达成开通"Naver Pay"支付业务的协议。有 2400 万手机用户每日都会访问 Naver 手机应用程序。

　　Naver Pay 的注册和刷卡流程比 Kakao Pay 简单，但在这个过程中需要用户提供大量的信息和手续。另外，使用 Naver Pay 时，只有在支付过程中移动到 Naver App 并登录后才能进行支付。而使用 Kakao Pay 时，其注册流程比 Naver Pay 多一步，但除额外的身份验证流程外，注册流程与 Naver Pay 的四步相同，请求的信息也比较简单。[1]此外，在支付过程中，Kakao Pay 还有一个优势，即通过 Kakao Talk 中的 Kakao Pay 进行支付，无须像 Naver Pay 那样单独再登录，在订单完成时，显示输入密码并再次按下"支付完成"按钮。

　　2016 年以后，韩国便捷支付市场在全面发展之际，也呈现出寡头垄断形态。从线上线下整体来看，Naver Pay 以线上为中心，占据市场份额约 44%，三星支付以线下为中心，约占 37%，紧随其后的是 Kakao Pay 和 Payco。在移动支付市场情况类似，前三巨头的市场份额占 58%，与海外市场一样，在确保加盟店和通用性方面具有优势的非金融机构领跑市场。

　　总体来说，韩国金融科技公司大致可以分为两类。一个是在平台上以指纹识别、密码或条形码作为支付方式的金融科技公司，另一个是使用 NFC 技术进行支付的公司。韩国 Kakao Pay 对应第一种支付方式，三星支付对应第二种支付方式。Naver Pay 与支付宝和微信支付一样，在支付过程中需要登录。

---

　　[1] 노미진：" 手机银行特征与满意度、再使用意愿的关系分析——考虑性别差异"，载《经营研究》2011 年第 4 期。

第二节　中国代表性移动支付企业

一、阿里巴巴的支付宝

阿里巴巴成立于 1999 年，当时马云和其他人推出了阿里巴巴，这是一个企业对企业（B2B），将中国制造商与海外买家联系起来的网站。从那时起，直到 2000 年，它已经从日本软银、高盛和富达获得了 2500 万美元的投资。

2002 年，阿里巴巴第一次开始在 B2B 网站上赚钱。2003 年，阿里巴巴开设了个人电子商务网站——淘宝网，并推出了第三方支付系统支付宝。此后，阿里巴巴持续增长，2005 年与美国雅虎作为合作伙伴管理雅虎中国。

2006 年战略投资专注于现实生活消费的互联网网站口碑网，2007 年 1 月成立互联网平台电子商务软件公司阿里软件。2007 年 11 月，阿里巴巴网络公司在香港联交所上市。2007 年 11 月，创办阿里巴巴互联网广告平台阿里妈妈。2008 年 6 月，口碑网与雅虎中国合并成立雅虎口碑网。2008 年 9 月，阿里巴巴与淘宝合并，2008 年 9 月，阿里巴巴集团研究院成立。

2009 年 7 月，阿里软件与阿里巴巴集团研究院合并，2009 年 8 月，阿里巴巴软件的部分部门并入阿里巴巴 B2B 公司。2009 年 9 月，阿里巴巴集团成立十周年庆典隆重举行，并成立了阿里云计算。

2010 年 3 月，阿里巴巴旗下淘宝、支付宝、阿里云、雅虎中国的 CEO 们决定合作，成功实施"大淘宝"战略。2010 年 11 月，淘宝虚拟购物产品域名开始使用天猫。2011 年 1 月，决定与合资伙伴联手投资中国物流业，创新互联网仓储物流体系。

2011年6月，淘宝细分为淘宝网、天猫商城、一淘三个独立公司，对各个目标客户群进行分离服务。2012年1月，天猫商城中文名称更名为天猫，互联网平台的作用得到加强。

2012年6月，阿里巴巴互联网公司取消在香港联交所上市。2012年7月，阿里巴巴集团成立了淘宝、一淘、天猫、聚划算、阿里国际业务、阿里小企业业务和阿里云七大事业群，组成集团 CBBS（消费者、渠道商、制造商、电子商务服务提供商）大市场，以加强国际业务。2012年9月，公司收购雅虎股权，完成与雅虎关系的调整。2012年11月，淘宝、天猫平台年销售额首次突破1万亿元。

2013年1月，阿里云和万网合并成立新的阿里云计算公司，2013年1月，阿里巴巴集团重组25个事业部，拓展电商市场。2013年9月，移动通信社交网络"来网"对外上线，确定了以无线通信为主的集团发展战略。2014年5月，申请在美股上市，拟出售阿里巴巴12%股权并上市。2014年10月13日，浙江省县级电子商务论坛宣布，将在未来3年至5年内投资100亿元，推进千县万村计划。2014年10月23日，宣布与美国电影公司合作进军娱乐和电影行业，电影产业成为阿里巴巴未来的增长引擎。2014年11月11日，阿里巴巴和苹果公司宣布在电子商务支付领域建立潜在的合作伙伴关系。

如上所述，阿里巴巴集团正在成长为一个涵盖互联网电子商务、金融、文化等多个领域的大集团。阿里巴巴通过提供支付结算、互联网贷款、互联网基金、互联网保险等多元化金融业务，成为中国发展最快的第三方支付平台，并于2014年取得网上银行营业执照。因此，非金融公司在中国成长为综合性金融集团，挑战现有的金融公司，如图4-3所示。[1]

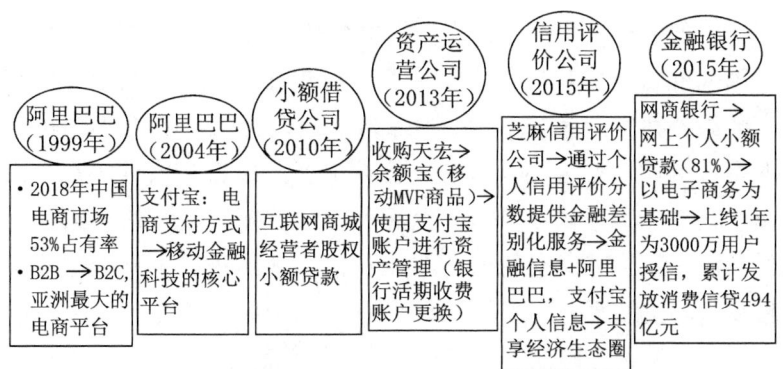

图4-3 基于阿里巴巴的支付宝金融业务多元化体现

阿里巴巴正在基于支付宝移动支付结算的优势，通过结合各种O2O（Online to Offline）生活服务来替代线下现金支付。2013年，支付宝演变成"移动电子钱包"，开始在线下支付取代现金领域脱颖而出。到2010年初，在中国由于银行卡或银行信用卡渗透率较低，现金支付主要用于线下支付。对此，支付宝通过使用基于二维码的便捷支付替代线下支付市场的现金和银行卡，降低了安装单独支付终端的成本。此外，利用智能手机的个人验证和安全功能，只需扫描二维码和输入密码即可进行便捷支付，从而降低了小额支付的交易成本，进而使用基于智能手机应用程序的移动电子钱包的便捷支付方式能够显著降低发卡、收据管理和单独商户的支付终端的成本。

在获得线下移动支付市场优势的过程中，支付宝已经演化

---

[1] 段禄峰、唐雪萍："第三方移动支付平台的用户吸引策略研究——以手机支付宝为例"，载《管理现代化》2018年第4期。

成为多种面向金融消费者的O2O生活服务的金融科技创新,并构建了新的商业模式。基于支付宝的移动端各种生活服务的创新,中国人现有的生活方式变得更便捷。通过支付宝手机App,中国人可以搜索和支付文化内容、移动教育、移动医疗、美容家政等各种生活服务。在交通领域,通过支付宝手机App可以搜索和支付航空公司、火车、公共交通、出租车预订、共享汽车、共享单车等服务。O2O生活服务随着餐饮企业的搜索与支付及酒店、旅游指南的搜索与支付而快速演进和发展。这些支付宝移动生活服务与阿里巴巴现有的电子商务和送货服务相结合,产生各种协同效应,正在创造多样的商业模式。[1]

20年来,阿里巴巴的经营模式一直处于不断创新中,创新动力来源于市场需求持续增加和科技进步的不断迭代更新。阿里巴巴目前的全渠道零售模式,包含了从1999年创立线上业务时的B2B经营模式、2003年创建的C2C经营模式、2008年创建的B2C经营模式、2011年创建的餐饮及生活服务O2O模式、2014年创建的全品类O2O模式、2016年创建的新零售商业模式。2016年,马云提出新零售的概念,将新零售定义为由传统实体零售业+物流业+互联网电商的产业链,通过跨界融合方式构建新的零售产业格局,以大数据、云计算、人工智能等高科技手段加速实现产业融合进程,形成产业间的协同效应。新零售模式以盒马鲜生门店落地为标志,盒马鲜生是运营新零售模式的示范。

2014年第二季度中国生活服务O2O市场规模为698亿元,其中O2O外卖App占比为18%。此后生活O2O市场规模增长非

---

〔1〕张芳、陈莉、赵宏霞:"金融机构和第三方支付在移动支付市场的博弈研究",载《现代情报》2014年第9期。

常迅速，2017年第二季度达到5561亿元。其中，外卖类App O2O占比26%，2014年至2017年三年的年均增长率达到100%。支付宝O2O生活服务领域涉及的投资时间如表4-1所示。

表4-1 支付宝O2O生活服务领域涉及的投资时间

领域	投资企业	项目	投资时间
移动交通	滴滴出行	出租车	2013.4
	车来了	公交信息	2015.6
	高德地图	移动地图	2014.2
家政	新口碑	生活用品交易	2015.6
外卖	口碑外卖	订货配送	2015.6
	优先点菜	外卖	2015.7
	点我吧	外卖订货配送	2015.9
旅行	去哪儿	旅游整体	2014.10
	穷游	个人旅行	2013.7
线上教育	VIP ABC	英语教育	2014.2
	淘宝教育	全部教育	2013.12

二、腾讯的微信

腾讯是中国最大的IT公司，以游戏服务为主营业务，提供门户网站、即时通信、游戏等各类互联网相关服务。它于1998年由马化腾和张志东共同创立，南非媒体公司纳斯珀斯Naspers拥有的股份约为创始人的三倍。1999年2月，OICQ（Open ICQ，instant messenger program）推出，它允许用户使用从手机到座机的各种设备发送和接收实时消息，但由于专利纠纷更名为QQ。

此后，它成为腾讯的代表性业务基地，允许企业使用客户数据进行营销，同时推出办公用腾讯信使和实时信使实时交换（RTX）。1999 年，已发展起来的即时通信软件 QQ 会员突破 100 万，为市场拓展和实际创收奠定了基础。随着 2000 年的持续增长，2002 年 QQ 的会员人数突破 1 亿。2000 年，腾讯还开发了其他服务增加收入来源。腾讯的业务由即时通信、网络与媒体、无线互联网辅助服务、网络游戏服务、互联网辅助服务、电子商务、广告七个领域组成。2003 年以来，在市场准备期之后，呈现出爆发性的增长。首先，2003 年 9 月，面向商务等业务的实时通信产品 RTX 面世，首次进入企业市场。同年 12 月，腾讯推出最新的即时通信服务"腾讯通"。2005 年，腾讯"QQ"门户网站同时登录人数超过 1000 万，比 2000 年的 10 万同时登录人数相比，增长了 100 倍。

腾讯 2011 年总销售额为 284.96 亿元，2015 年为 1028 亿元，其中网络游戏收入同比增长 33% 至人民币 159.71 亿元。最大股东是南非媒体公司 Naspers，持股 33.6%。2011 年收购了制作英雄联盟的 Riot Games，2012 年 4 月直接向韩国主要手机聊天软件 Kakao 投资 720 亿韩元，获得 13.8% 的股权（截至 2015 年 10 月，持股 9.9%），成为继金范秀会长之后的第二大股东，为进军韩国市场及中国总公司的发展提供持续支援。

2012 年 6 月，它收购了 Unreal Engine 和 Gears of War 在 Epic Games 的股份。QQ 是一款几乎安装在中国所有电脑上的即时通信软件，是腾讯的代表产品，包括 QQ 在内的在线和移动网络提供门户、游戏和娱乐服务的增值服务业务占总销售额的 76%。此外，基于网络商务活动营销的效果广告和通过新闻、视频等多种媒体投放的网络广告，随着销售额比例的提高，占到 2015

年总销售额的 19%。[1]

腾讯拥有中国最大的门户网站，截至 2015 年的月均用户数为 8.5 亿。用智能手机登录 QQ 的用户每月也有 6.4 亿，比 2014 年增长 11%。此外，还有即时通信的微信和一个个性化的多媒体服务 QQ 空间，它们通过微信支付提供各种在线服务。微信是 Kakao Talk 和 Kakao Story 的结合，具有发送短信或照片、语音信使、实时语音通话、时刻分享、信息收集等功能。此外，还增加了扫码、摇一摇、身边人、医疗健康、在线支付、彩票销售、叫车等独特功能。

对于腾讯而言，电商的良好生态圈必须形成从售前信息到售中支付再到售后服务、营销的生态闭环，因此做到以微信、QQ 及公众平台为基础，连接人与商品和服务，才能帮助腾讯打造开放、完整、丰富的生态链。为了打造这个生态圈，腾讯在加强自身现有业务的基础上，2014 年频繁发力 O2O 细分领域，一步一步构建腾讯 O2O 生态圈。

通过微信的一系列活动，腾讯在电商领域也取得了惊人的成绩。在实物购物领域，2013 年上线的微信卖场一经推出就取得了惊人的成绩，不仅每日推荐的十余款商品取得了不错成效，而且现在每日单量均稳定在 1 万单以上。微信卖场的成功，给腾讯吃下了一颗定心丸。不久后，于 12 月 12 日由易迅网运营的微信卖场正式升级为微信商城，成为腾讯电商在移动端的最重要平台之一。除了零售领域，腾讯还涉足泛零售领域，专门成立了微购物团队，该团队主要是为线下传统零售企业打造 O2O 线上线下一体化平台。泛零售领域的空间是非常大的，因此腾

---

[1] 米默："可持续性发展视角下第三方支付市场发展分析"，载《现代营销（创富信息版）》2019 年第 6 期。

讯的想象空间也非常大。从 2013 年以来，有很多大型商场和线下零售商都认识到了微信重要性，并发布了微信 O2O 战略，包括天虹商场、大悦城、绫致时装、宜华木业、红旗连锁、潮宏基、中央商场等。除国内商场和线下零售商外，还有众多国外知名品牌也开始与腾讯开展基于微信平台的深度合作，如 Jack Jones、Only、Vero Moda 等。截至 2013 年 10 月，已经有超过 3000 多家门店与腾讯开展了基于微信的相关服务。在生活服务方面，为了大力吸引线下商家入驻微信，腾讯于 2012 年 6 月推出了微信会员卡，吸引了一批线下商户，此后继续发力于 12 月联合高朋网推出了微团购。而在 2013 年后，腾讯移动生活电商继续加重生活服务 O2O 的布局，于 2013 年 9 月发布了微生活会员卡 X1 版本。同时，考虑到电影对人们生活的不可或缺性，腾讯进驻电影 O2O，将在微信专门开辟一个电影订票入口。微信对于实物购物领域和生活服务领域都会起到非常重要的作用，因此，借助微信将成为腾讯电商实现在移动端弯道超车的一把利器。2013 年底，腾讯提出 O2O 战略"以微信、QQ 及公众平台为基础，连接人与商品和服务，打造开放、完整、丰富的生态链"。业内很多人也指出微信对腾讯电商的重要性，并认为腾讯基于微信开展 O2O 将是腾讯改头换面的重要机遇，将非常有助于腾讯重新确定产业地位。现如今不难看出，腾讯开始以微信的客户体系为基础，将所有产品植入微信，最终实现"构建以微信为核心的 O2O 生态圈"的战略目标。

第三节　中韩代表性移动支付企业比较

一、三星支付进入韩国金融科技市场的分析

在金融科技成为热点的时候，韩国国内公司三星公司于 2015 年 3 月通过发布移动支付服务三星支付加入了移动支付服务市场，开启了线下移动支付市场的新视野。事实上，它是唯一可以在韩国线下商店使用的服务。三星支付从 LoopPay 获得了 MST 技术，因此可以使用现有的支付终端进行支付，而无须单独购买仅支持 NFC 的支付终端。相反，苹果支付仅在安装了 NFC 的支付终端时才支持支付。而三星支付则需要下载并运行专门的应用程序 Nox 来执行指纹认证。鉴于此，三星支付比简单便捷的支付更倾向安全的支付兼容性，在更多的地方不会出错。

（一）通过三星智能手机的品牌聚焦和二元化扩大三星支付市场份额

营销中常见的"品牌聚焦"是一种以独立的产品品牌瞄准市场而隐藏制造商品牌的策略。"品牌二元化"是一种通过自主品牌和差异化产品瞄准市场的策略。品牌聚焦和二元化战略的例子包括现代汽车的高端战略"Genesis"和大众集团的低端战略"斯柯达"。三星智能手机基于高端战略，在韩国市场被公认为三星入门级智能手机的 Galaxy A 系列，出厂价也在 50 万韩元（人民币 3000 元）左右，与 20 万韩元（人民币 1200 元）和 30 万韩元（人民币 1800 元）的非常规价格政策的中国制造商的智能手机相比，它是昂贵的。如果隐藏三星和盖世的名字，推出一个专门针对中低端市场的品牌，瞄准中低端智能手机市场，

那么基础智能手机市场份额将增加，三星支付的份额也会增加。

这种策略的优势在于能够区分并专注于每个细分市场，容易对市场做出反应。如果策略失败，对母公司三星或者盖世的品牌价值影响很小。[1]但是，在市场战略上，三星公司需要放弃现有的品牌力量，以新的品牌制定营销战略，存在成本高、进入壁垒大、支付单一性以及只能在三星手机上使用的缺点。

（二）三星支付的目标细分市场重置

以三星智能手机为目标细分市场的三星支付，由于整体市场规模本身较小，在金融科技市场扩大市场份额受到限制。通过重置目标细分市场，所有基于安卓操作系统的智能手机都可以从安卓商城下载，对于使用不兼容 MST 设备的用户，将通过使用几乎安装在所有智能手机中的 NFC 芯片实现支付功能来提供便捷支付，从而扩大细分市场并增加市场份额。目标细分市场不仅适用于安卓操作系统，还可以扩大到 ios 系统。

这一战略将显著扩大三星支付的目标客户群并获得大量客户，对三星支付的使用经验也可能会引起消费者对未来三星品牌产品的积极偏好。还存在利用现有平台不会花费太多，战略失败风险较小等优势。

二、支付宝进入中国金融科技市场的分析

在支付宝这种第三方支付方式中，消费者为产品付款后，费用会存入支付宝，而不是直接交给卖家，在产品交付后支付宝才将费用交给卖家。首先，支付宝的应用程序，在智能手机

---

〔1〕이동명："不同产品类型消费者购买风险感知对信息搜索水平的影响——以知识水平为调节变量"，载《营销科学研究》2006 年第 3 期。

第四章 中韩代表性移动支付企业及发展比较

上都可以使用。此外,支付宝有两种支付方式:一种是打开支付宝 App 扫描条码给卖家的条码支付方式,另一种是在购买商品时直接扫描卖家二维码的支付方式。此外,还提供了多种付款方式,有指纹支付、NFC 支付、人脸识别等。

包括支付宝在内的中国第三方支付服务正在进入无现金时代。比如在进行商场、便利店、电视、煤气、水、电、公交等支付时,是使用第三方支付方式,而不是现金。支付宝推出的转账功能虽然附加服务有限、金额有限,但为大多数用户提供了便捷的服务。淘宝是中国最大的网上商城,超过一半的中国公民正在使用。支付宝的代表性金融科技服务是余额宝,它允许用户通过使用余额宝 ID 注册银行卡来收取每日利息。从用户的角度来看,余额宝可以提供现有金融机构无法提供的服务,让他们尝试新的支付渠道和投资。当用户发现使用余额宝可以比在银行存活期获得更高的利率并进行小额投资时,他们会把钱转入余额宝内。短期内支付宝主要集中在网上商城,2013 年以来中国 O2O 线下市场快速增长。在第三方支付平台市场具有竞争优势的支付宝不满足于目前的地位,通过平台吸纳策略,努力拓展外卖等 O2O 服务,扩大支付宝的基础。O2O 市场已经从单一的电商交易发展到外卖、金融服务、家居服务,支付宝将成为 O2O 市场发展的良好推动力。[1]

阿里巴巴集团采取了平台战略,通过提供电子商务平台连接消费者和用户群体,让用户进行交易,从而创造利润。与阿里巴巴集团的网络效应类似,阿里巴巴集团通过进入以电子商务为主的各种业务而成长。如今,阿里巴巴基于其在分销服务

---

〔1〕 윤창경:"中国移动支付服务的发展与动因——以中国移动支付支付宝、微信支付为中心",载《质量管理学术集》2017 年第 1 期。

生态系统中的经验，正在开发电子商务平台和支付服务、支付宝、物流配送服务、在线营销服务，以及阿里云服务（用于运营位于阿里巴巴的购物中心的云计算服务）。

三、三星支付与支付宝提供的服务比较

对比韩国的三星支付与中国的支付宝，可以确认在韩国使用移动支付主要是简单的支付功能，而在中国，除简单支付功能外，汇款等银行功能也有扩大。这似乎是因为两国的移动支付服务需求和市场状况不同，尤其是中国的功能比韩国更多样化，线下门店的使用率似乎也比韩国高。[1]表4-2总结并展示了每个移动支付服务提供的功能。

表4-2 三星支付与支付宝提供的服务对比

种类		三星支付	支付宝
普通结算	收款	×	○
	汇款	×	○
	付款	○	○
	转账	○	○
	二维码扫一扫	×	○
生活服务	充话费	×	○
	信用卡还款	×	○
	生活缴费（水费、电费、煤气费、有线电视费、固定电话费、网费、物业费、暖气费、交通卡充值）	○	○

[1] 은지훈、김상현："移动便捷支付服务特征对持续使用意愿的影响——现状偏差为调节效果"，载《韩国管理信息学会会议论文集》2018年第5期。

续表

种类		三星支付	支付宝
生活服务	城市服务（政务、医疗、交通、综合）	×	○
	车主服务（停车、加油、充电、ETC）	×	×
	气象/环境相关信息（实时天气、台风信息、地区空气污染实时信息）	×	×
	交通出行（道路交通情况、市内外公交查询、出租车查询等）	×	○
	综合政务（国家政务服务申报/提案、工商申报、消费者权益保护、结婚/离婚服务等）	×	○
	我的客服中心（实时提问—应答服务）	×	○
	快递（快递查询、寄快递、快递预约）	×	○
	医疗健康（医院查询、医生咨询、智能预约、体检预约等）	×	○
	每日生活信息（生活、投资、游戏、电影、健康、美容、美食、育儿等）	×	○
	记账本（收支计划、收支管理、收支记录）	○	○
资金交易	红包	×	○
	网商银行	×	○
	境外汇款	×	○
购物&休闲	出国（签证、国际机票预订/查询、国际租车、住宿预订）	×	○
	彩票（购买、查询）	×	○
	补贴（大型卖场/超市购物后赠送的现金券）	○	○
	游戏中心（游戏后可能获得礼物）	○	×
	活动优惠	○	×

131

续表

种类		三星支付	支付宝
资金管理	余额宝	×	○
	花呗	×	○
	芝麻信用	×	○
	股票（查询、投资）	×	○
	保险服务（汽车、人身、旅游、财产等）	×	○
	汇率计算/查询	×	○
	财务管理（汇率转换、存款计算、房贷计算）	×	○
	银行服务（简单的银行业务）	○	×
教育 & 公益	大学生活（打工、实习、求职、学生购物、奖学金缴纳、生活费缴纳等）	×	○
	学费缴纳（大学、小初高学费、教材费缴纳）	×	○
	爱心小屋	×	○
	中小学（学费捐赠、公益图书馆图书捐赠）	×	○
第三方服务	淘票票，猫眼（打折电影票预订）	×	○
	饿了吗外卖	×	○
	天猫、淘宝、京东、拼多多	○	○
	火车票/飞机票预订	×	○
	哈啰单车	×	○
	滴滴出行	×	○

第四节　中国的移动支付业务在国际扩展方面存在的问题与展望

一、无边界的移动电子支付问题

虽然中国移动国际支付发展迅速，但移动国际支付的扩张也存在问题。最大的问题是，利用支付宝等移动电子方式的特点，移动国际支付被非法用作无国界个人对个人的 P2P 交易。[1]

例如，2018 年 6 月，越南政府在越南禁止支付宝和微信支付作为移动国际支付方式，认为存在较高的逃税风险。当时，一些华人在越南经营的越南店，随意安装支持支付宝和微信支付二维码的终端，然后非法使用人民币而非越币支付，产生了一些问题。也就是说，从中国游客的支付宝账户中提取的人民币差旅费，以人民币支付到中国支付宝账户内中国店主的支付宝账户。越南政府判断，这种方式是一种非法逃税行为，即在使用以人民币支付的非法支付终端时，付款在中国的支付宝账户内转移，根本没有通过越南支付系统。

越南东北部下龙市政府称，2018 年 5 月，200 万元人民币通过在中国注册的终端处理，而没有通过越南当地银行或支付中介。越南支付中介 VIMO 的一位官员指出，大量未经过当地金融机构的资金，正在利用越南的法律制度和行政漏洞流向中国。随着海外货币支付的实现，许多中国企业正带着本国终端机或本国移动支付平台来越南。据越南旅游局统计，中国游客人数

---

〔1〕　张艳、王秦、张苏雁："互联网背景下零售商业模式创新发展路径的实践与经验——基于阿里巴巴的案例分析"，载《当代经济管理》2020 年第 12 期。

从 2013 年的 191 万人次增至 2017 年的 400 万人次，中国游客占在越南的外国人总数的 32%，其间产生的资金流量可想而知。

二、支付宝与韩国 PG 合作的支付系统

在越南，现有的移动电子支付系统非常薄弱，利用越南电子支付系统不完善的漏洞，有时能方便地利用中国的支付宝等移动国际支付系统。[1] 由于韩国拥有完整的电子支付系统，因此不会出现与越南相同的问题。

目前在韩国使用的支付宝正在通过与韩国支付机构（PG）的合作进行推广。支付宝正在通过与包括 Kakao Pay 在内的一些支付机构建立合作关系来扩大其特许经营权。对于可以使用支付宝的商户，他们提出的支付费用仅为现有国际信用卡的一半，以促进商户的扩张。除了这样的费用优势，支付宝的加盟店也在韩国扩张，因为期待使用支付宝的中国游客数量不断增加。当中国游客在韩国商户使用二维码进行移动国际支付时，从中国游客在中国的账户中提取人民币，并通过支付宝将韩元存入韩国商店的支付宝附属银行账户。

人民币从中国支付宝账户提现到韩国银行账户通过汇兑汇入韩元的过程需要更仔细的研究，因为在这个过程中可能会出现两个问题。

第一，在韩元和人民币的国际结算过程中，支付宝使用的是银联的国际结算系统，所以有必要分析这一过程如何与韩国和中国于 2014 年 12 月启动的韩元兑人民币直接交易系统的操作方法相衔接。2014 年 12 月中韩韩元兑人民币直接交易系统开

---

[1] 柳卸林、高雨辰、丁雪辰：" 寻找创新驱动发展的新理论思维——基于新熊彼特增长理论的思考 "，载《管理世界》2017 年第 12 期。

通后，中国交通银行首尔分行被选为韩元兑人民币清算行。然而，支付宝直接以韩元、人民币进行交易，通过与支付宝相连的银联支付网络，使用人民币跨境支付系统（CIPS）进行人民币实时国际支付。因此，有必要密切关注韩国和中国移动电子支付对韩国和中国外汇交易的影响。

第二，对支付宝国际结算以净额结算而非全额结算方式进行的可能性进行审查。这是因为中国游客在韩国使用的金额可能会从他们在中国的支付宝账户中提取，而其他人可能会将钱从韩国转移到中国并存入他们的支付宝账户。如果支付宝作为中韩的国际支付平台，是否有可能通过差价结算在两国降低外汇或国际汇款的成本，因此需要考察这种现象对韩国的外汇交易安全的影响。

第五章
中韩移动支付制度存在的问题

第一节 韩国移动支付制度存在的问题

一、使用范围扩大,监管环境存在问题

门店的响应性也是移动支付服务普及的障碍。为了让消费者方便地进行移动支付,有必要保证尽可能多的用处。然而,在基于 NFC 的移动支付服务的情况下,相关服务的推广并不容易,因为拥有可以处理交易的终端的商店并不多。这可以说是重复了 Moneta 这个类似移动电子钱包原型的案例,尽管投入了大量资金,但由于消费者认为它使用复杂且支付终端没有广泛普及,而以失败告终。此外,可注册的支付方式通常仅限于特定公司,这也可能给消费者带来不便。

如果终端充分普及,基于 NFC 的支付结算服务将成为最便捷的移动支付方式。实体服务收集各种会员资格,因此无须携带实际会员卡。这样能够确保很多用户的安全,因为它是一种条形码读取方法,所以有很多地方可以使用它,而且它是一种通过累积和使用积分的方式而不是支付方式,是不用担心安全问题的服务。基于应用程序的支付服务很容易扩展其用途,因

为无须安装终端即可进行支付。然而，基于应用程序的支付服务有一个缺点，即到支付的过程很长。

韩国在 2015 年 3 月取消了在电子金融交易中使用认可证书的方法，ActiveX 也消失了，但仍然存在许多法规。例如，在韩国为 PayPal 电子钱包充值时，可以为银行账户充值，但是通过信用卡付款充值被规定为信用卡的非法折扣。此外，以现有金融公司 1/10 的费用提供汇款服务的汇款形式，如 Transferwise，在韩国被视为货币兑换，违反了外汇交易法。但汇兑期实际上有很大的副作用，如果通过汇兑进行外汇交易就无法追踪，因此政府的限制是理所当然的。[1]

根据《韩国电子金融交易法》，韩国的支付机构必须获得金融当局的许可或注册，但在国外，它以委托给私营部门并进行管理的形式运营。在美国，谷歌公司和苹果公司没有获得支付机构的许可。即使在日本，非金融机构也通过注册制度而非许可制度进入金融业。中国正在鼓励 IT 公司等非金融企业进入金融行业。

二、服务基础设施及其标准化不足

在移动支付业务中，技术和服务标准的制定问题会直接影响到一个企业的成败，因此行业内和行业内企业之间的领头之争非常激烈。在无法达成共识的情况下，对用户的考虑往往消失了。表 5-1 显示了与移动支付服务相关的利益相关者的现状。提供移动支付服务，基本需要移动运营商的网络、终端制造商的终端、移动服务提供商的应用性能等技术因素。此外，还需

---

[1] 이건범、이후록："支付结算服务及政策方向变化"，载《经济发展研究》2015 年第 4 期。

要金融机构的金融服务和政府机构的适当指导。但是，如表 5-1 所示，与移动支付服务相关的每个实体都有不同的利益关系。如此复杂的情况模糊了技术标准的方向，进而影响了服务的质量和便利性。

表 5-1　与移动支付服务相关的利益相关者状况

利益相关者	目　　标	当前措施和响应
使用者	追求便捷安全的交易	当确保了其易用性和安全性时使用它
移动运营商	创造新的数据收入，利用现有客户确保用户数量及网络使用的手续费	积极参与信用卡公司的股权投资和收购，传输器标准化和发行
终端制造商	通过配备 NFC 等移动支付和结算服务所需的功能，发挥重要作用	在智能手机和功能手机上安装 NFC
加盟商	降低收据成本，发放各种优惠券	不愿意安装额外的传输器并支付额外费用
PG 公司	即使在移动基础上，也能以低廉的费用在与全球公司的竞争中生存	在线安全连接客户和信用卡公司，确保费用安全，并推出简单支付等多种服务，为用户提供便利
VAN 公司	利用强大的商户网络创造新的附加值	提供信用卡审批中继、线下商户终端供应、现金收款服务等多种金融支付相关角色，拥有强大的线下商户网络
移动服务提供商	提高客户忠诚度、确保手续费并活用客户信息	应用开发，与全球信用卡合作

续表

利益相关者	目标	当前措施和响应
金融部门	通过创造新收入和保护客户信息、增加个性化服务等营销使用机会	确保与现有加盟商的关系，留住现有客户，增强非金融支付结算服务的危机感，积极参与NFC标准制定
政府	支持服务激活、系统安全和防止用户损失	寻求解除管制和加强有效服务提供的安全障碍的方法

资料来源：参见《基于NFC的移动支付市场的利益和影响分析》的部分内容（韩国信息和通信政策研究所趋势报告，第23卷第6期，第505卷）。

据业内人士介绍，2018年韩国拥有NFC终端用于移动卡支付的商户数为2.6万家，占有效信用卡商户（每月至少支付一次的关联企业）约177万家的1.5%。[1]信用金融协会和信用卡行业于去年7月同意筹集1000亿韩元的资金，用于更换约65万家小商户的IC终端，并就目标商户和经营者的选择协调了实施时间，但最近发卡公司之间就是否包含NFC终端存在争论。BC和韩亚公司的立场是将NFC终端纳入IC终端转换业务，但其他使用App方式的发卡公司因成本问题而反对。

有评价认为，围绕移动支付服务的行业之间的相互影响力或干涉度对移动支付方式的激活产生了相当大的影响。当相应支付服务的主导权集中在特定行业时，如手机小额支付、手机银行、手机钱包等，相关服务往往更加活跃。当行业之间的影响分散时，如移动信用卡、移动支付结算业务因权力斗争致使

---

[1] 채규항、조민경、배문선："新电子支付服务的扩展、限制和挑战"，载《韩国银行》2015年第1期。

移动支付业务发展缓慢,即使相关业务发布后,也有因利益冲突而不见成效的情况。随着行业之间的依存度越来越弱,各家公司纷纷发展自己的竞争优势服务,这就造成了整个行业的接口缺乏一致性等问题。过度多样化造成的混乱也是阻碍移动支付业务发展的一个因素。只要存在围绕移动支付服务发生利益冲突的认知,就很难实现标准化,更难实现用户的便利。当然,在现实中很难提供一个单一的、绝对统一的接口,但在某种程度上,标准化的框架被认为是提高便利性的必要元素。对此,박덕현,홍진환(2016)认为,消费者很难接受以供应商而非消费者体验为中心而提供的产品或服务。

三、安全问题

如上所述,政府需要在解决利益相关者之间的利益冲突方面发挥作用。此外,政府在确保安全而不损害用户便利方面所发挥的作用也非常重要。提供移动支付服务的公司正在做出各种尝试,例如,通过各种身份验证步骤注册或使用服务以确保安全。这对于确保安全性和可靠性很有用,但从消费者的角度来看,这可能会成为对便利性和易用性产生负面影响的因素。如果期待移动支付服务的普及,就需要找到一种方法来克服政府或服务提供商的大部分安全规则和系统,让消费者只关注最低限度的安全性的方法。

2015年1月27日,韩国金融服务委员会宣布了一项支持IT与金融融合的计划,重点关注金融科技的放松管制和金融公司的事后责任,在电子金融交易中无须使用官方证书或安装ActiveX即可实现交易,因此增强了便利性,但是没有安全设备进行交易的用户不可避免地会担心安全性。据专注于数字媒体和广告营销平台的综合公司 DMC Media 近日发布的《移动简单支付服务使用情况》报告显示，97.9%的移动设备用户（样本为948名19-59岁的人占移动简单支付服务的比例），72.1%的受访者回答曾使用过该服务，在将使用便捷性列为使用移动支付服务的最大原因的同时，他们表达了对信息泄露和黑客攻击的担忧。没有使用过服务的问卷调查中，对使用移动支付服务的障碍因素，个人信息保护和安全的不安因素占第一位（65.7%）。

在国外，政府为每家公司制定了指导方针，主要采取间接监管的形式，当安全问题发生时，公司承担责任。因此，即使每个公司的安全方法不同，但当出现问题时，受害最大的是公司本身，所以他们要尽最大努力做好安全工作。相比之下，韩国金融服务委员会采取了直接监管的形式，例如，引入在移动购物中使用公共证书的义务以加强安全性。为了缓解这些阻碍移动支付服务普及的规定，政府从2015年起取消了使用公共证书进行在线卡支付的义务，并准备了限制使用 Active X 的制度。并且在信息泄露的情况下，已经建立了一个系统，以确保服务提供者全权负责。如果政府出台相应政策，进一步加大行业防范事故的力度，移动支付服务市场有望进一步增长。除政府的作用外，VAN 公司和 PG 公司等中介公司可以通过努力成为更强大的安全服务提供商来为加强安全作出贡献。

当外国关注便利时，韩国之所以能够减少损失，是因为它重视安全。事实上，北美每年因在线支付欺诈造成的损失为3.5万亿韩元，欺诈占销售额的平均比例为0.9%，而在韩国支付市场，欺诈率仅为0.05%。

四、缺乏消费者保护

虽然《韩国电子金融交易法》规定了电子金融业务经营者发生金融事故时的责任,但并未明确规定期限或责任范围,因此保护标准不明确,消费者得不到赔偿。韩国金融监管局对2012年1月至2014年7月电子金融诈骗受害者向银行、信用卡公司提起诉讼的51起案件进行了分析,发现其中49起案件最终判决败诉。在胜诉的两起案件中,法院均建议和解,财务公司赔偿部分损失。[1]

美国关于电子货币转账的规定,如果发生第三方非法交易,金融公司有举证责任,在认定事故发生后,消费者需要在通知义务范围内(60天,以工作日为基准)通知金融公司。如果公司被通知,消费者对此不承担任何责任。在英国,根据支付服务规定,无论卡或存折是否被盗或丢失,如果在事故发生后13个月内通知,将免除责任,此后还将赔付高达50英镑(约80 000韩元)的补偿。

五、金融机构与非金融机构之间存在利益冲突

移动支付服务与现有的以金融机构和金融网络运营商为中心的电子金融服务有很大不同,它涉及一个新的市场参与者——移动运营商。因此,金融机构和移动运营商之间围绕移动支付服务市场主导地位的冲突有增无减。在2007年3G手机发布时,移动运营商和金融机构就基于通用用户身份模块(USIM)的手

---

[1] 参见《韩国日报》的文章《70%的网购者使用移动便捷支付进行购物》,网址为https://daily.hankooki.com/lpage/economy/201504/dh20150423081403138090.htm.

机银行领导权发生了冲突。当时，USIM 芯片的发行问题和客户信息管理的主体是双方纠纷的主要问题，最终经过一年多的时间，纠纷以标准的通过而告终。在国内电子钱包市场，基于 SIM 卡的移动运营商和基于信用卡的金融公司之间形成了竞争，随着 Daum Kakao 进入支付结算业务市场，竞争越来越激烈。Daum Kakao 通过推出信用卡支付方式 Kakao Pay，让信用卡阵营变得紧张。

此外，Daum Kakao 的 Kakao 银行钱包与金融公司就佣金问题发生冲突。2016 年 11 月推出 Kakao 银行钱包时，Daum Kakao 和韩国金融电信清算所（KFTC）等 18 家银行同意在 2017 年 3 月之前提供免费汇款服务。但是，Daum Kakao 辩称由于正在推出免费的简单汇款服务，每天的汇款限额为 100 000 韩元（人民币 600 元），收款限额为 500 000 韩元（人民币 3000 元），并且与支付宝等海外支付服务相比，使用 Kakao 银行钱包的人数不足。由于金融当局放宽限制，Kakao 银行钱包的每日汇款金额已扩大至 200 万韩元（人民币 12 000 元），但银行尚未放开。

六、移动支付体系不够广泛

韩国支付结算市场在 2018 年年末信用卡的使用额为 664 万亿韩元，与民间最终消费支出（包括企业购买专用卡的业绩）867 万亿韩元相比，占 76.6%，是信用卡的主导市场。如果再加上信用卡公司发行的扣账卡使用额 168.6 万亿韩元，则支付卡的购买使用额比重将扩大到民间最终消费支出的 96.0%。2018 年通过便捷支付金额的信用（扣账）卡结算金额为 73.1 万亿韩元，仅占全部信用（扣账）卡结算金额（867 万亿韩元）的 8.4%。也就是说，虽然手机便捷支付市场快速发展，但在韩国受欢迎的支付手段仍然是信用卡。

使用智能手机的便捷支付应用程序时，需要输入密码、向收款员展示手机里的二维码并扫描 Payco 支付。如使用 Kakao Talk 应用程序，则需左右摇晃智能手机，等待出现条形码或二维码然后扫描完成支付。大部分线下支付方式都是从应用程序到支付确认，需要经过几个步骤。Samsung Pay 也是在执行应用程序后，将手机交给职员，在信用卡阅读器上读到智能手机后，再交还手机，输入金额，然后进行签名和批准等。与单纯向销售者提交信用卡后 10 秒内完成的结算方式相比，便捷支付反而需要更长的时间，所以在很多人排队等待付款的情况下，实行移动支付有时会带来工作负担和心理压力。

线下支付有时不仅不能给消费者带来便利，还会给加盟店主带来负担。移动支付比平时刷卡消费要多花几倍的时间，这不仅对排队等待付款的消费者来说是个问题，对繁忙的业务时段业务效率不高的加盟店主来说更是不便。使用直接支付网的 QR 码结算时，加盟店需另外添加 QR 装置，支付确认方式也与现有的 POS 系统没有关联，需要用智能手机进行确认，因此很难让年龄较大的经营者接受。POS 系统能处理从订单、结算、精算到截止的所有服务，但由于使用直接支付网的 QR 码结算方式与 POS 系统没有连接，因此销售结束后，也要分别计算 POS 系统销售额和移动支付销售额，这些都将带来一些不便。目前，移动便捷支付服务公司已与 PG 公司签订了代理交易合同。因为这些企业想要向线下扩张，还需要与安装和运营信用卡支付终端的 VAN 公司签约，以调整和整合支付终端的 POS 系统。

随着 Naver Pay、Kakao Pay、SSG Pay、Smile Pay 等各种支付服务的开展，服务分散化现象成为新的问题。各种便捷支付服务公司均以本公司的流通网为中心支持结算,在很多情况下,其他途径无法使用。用户需要按服务类别安装应用软件,而且需要在各项服务中逐一登记信用卡和账户信息,非常麻烦。另外,除了可以使用现有信用卡终端机的 Samsung Pay 和与它签订合作协议的 Payco 以外,其他支付服务加盟店数量明显偏少(2019 年,Kakao Pay:20 万左右,Zero Pay:30 万左右)。特别是与便捷支付服务公司合作的加盟店以大型超市、大型连锁零售店、免税店和便利店为主,在一般饭店、咖啡店、零售店等都不能使用,这给移动支付用户带来了另一个麻烦,需要逐一确认合作方后才能使用。

第二节　中国移动支付制度存在的问题

一、安全问题

(一) 木马病毒的攻击

木马病毒的攻击会导致移动支付系统的瘫痪、保存数据的丢失和被篡改,甚至是用户信息的泄露和资金的流失。随着移动支付的普及,移动终端感染病毒的现象也有所增加。目前通过扫描二维码来完成支付的行为在生活中随处可以看到,许多小商户在门店也都设置二维码,方便未带现金的客户。客户可以通过扫描商户事先设置好的二维码,完成支付的全过程。此外,网站和电视广告中也会出现相关商品的二维码,但是这些二维码的安全性很难完全把控。许多不法分子利用了二维码的传播广泛性和大多数人安全意识不强这些特点传播病毒。在央视"3·15"晚会曾经曝光,一些用户在进行网络购物的时候,会收到商户发来的谎称为优惠折扣的二维码,而通过扫描二维码,手机会自行安装病毒,不法分子通过病毒可盗取手机上的用户信息以及涉及的相关账户资金。[1]

(二) 用户信息的泄露

大数据时代,由于其数据的全面性使得用户信息的安全性显得尤为重要,而移动支付领域,关于用户信息的保密工作是重中之重。一些不法分子利用黑客盗取用户资料,再进行转手出卖,使得用户信息被大量泄露。这些犯罪分子随着移动市场的壮大,呈专业化、分工化、产业化的趋势,不法分子利用得到的信息进行恶意营销给用户带来了困扰,有的甚至进行精准化诈骗,使用户遭受财产资金的损失。[2]

(三) 网络环境的恶化

网络环境的恶化主要是指在移动支付的过程中,由于伪造、欺诈等行为,造成支付错误等情况。与传统的支付方式相比,移动支付使整个支付流程更加快捷便利,但其在给人们带来便利的同时,安全问题也在日益增长。问题来源于移动支付尚处在发展的阶段,企业参与众多,但是每家企业的安全能力却参差不齐,伪造、欺诈等不良现象时有发生,且大多出现在不知名的平台上。主流支付平台例如支付宝、财付通等的安全性相对而言还是比较高的。[3]但是,对于商户的伪造、欺诈,由于信息的不完全性,有时也会出现未能及时被识别和拦截等情况。

---

[1] 李楠:"探析我国移动支付存在的问题及发展对策",载《商品与质量(学术观察)》2013年第10期。

[2] 何佳灿:"我国移动支付存在的问题及对策分析",载《现代经济信息》2018年第7期。

[3] 牛润盛、朱燕燕:"移动支付发展风险与国际监管经验借鉴",载《区域金融研究》2018年第2期。

移动支付安全涉及的利益方及存在的问题如表 5-2 所示。

表 5-2 移动支付安全涉及的利益方及存在的问题

利益方	问 题
监管部门	移动支付属于新兴产业，监管政策不健全，行业标准不完善
硬件制造商	手机、平板电脑、芯片、路由器等制造商产品存在缺陷和漏洞
软件提供商	和 Windows 系统统一发布系统升级补丁和修补漏洞不同，安卓系统没有统一的应用商店，加上系统的升级都是由各个手机厂商来完成，这就为病毒和木马的侵入提供了温床
服务商	电信运营商监管不力导致诈骗短信频发、第三方支付公司的密保存在问题、手机银行客户端数字证书不完善
安全厂商	支付环境复杂，木马病毒猖獗，尤其是二维码技术给病毒传播创造了温床
用户	用户的账户和手机进行绑定，如果手机丢失，账户将存在巨大风险，并且用户对移动支付新方式缺乏了解，防范意识比较弱

从表 5-2 可以看出，移动支付产业链比互联网支付更加复杂，安全问题不再是孤立的存在。移动支付的自身特点使其不能完全借鉴互联网支付安全解决那一套，更需要产业链各方加强合作。另外，移动支付的场景更丰富，安全危机加大。移动支付的应用场景更加丰富多样，伴随而来的是支付企业大量涌入，支付 App 不断开发更新、支付技术多元化。大量企业涌入移动支付市场，支付安全因为多方开发自己的支付应用而变得碎片化，解决起来更加困难。移动支付场景丰富的同时支付方式也变得多样化，扫码支付、声波支付、NFC 支付、红外线支付等进入用户视野。在新支付技术中，用户订单信息、支付链

接、个人账户都容易被他人截取乃至篡改。

(四) 用户安全意识的不足

由于移动支付还在发展中,不够成熟,一些用户也还在适应阶段,用户的安全意识不足,让不法分子有机可乘。根据《中国公众网络安全意识调查报告 (2015)》,其对 25 万多用户进行调查,结果显示:对于用户协议中的条款内容仅 14.87% 的用户仔细阅读,合理才继续注册或下载,而 35.52% 的用户觉得看不懂于是放弃阅读,49.61% 的用户认为看了也没用。对于网络密码,定期更换密码的仅占 18.36%,有相当一部分用户 (17.05%) 从未更换过密码,此外,在密码的设置上,超过 7 成的用户对于多个账户均采用同一密码进行操作,这样的设置习惯对于不法分子而言破解的概率大大提高。一些用户为了图方便或者省钱,在支付的时候连接公共 Wi-Fi。而这些公共 Wi-Fi 之中蕴藏着许多危机,处在同一网络环境之下用户信息更容易被黑客盗取。为了保护手机支付安全,用户会安装手机安全软件,但对手机安全软件的认识同样存在误区。现在大多数的安全支付软件功能比较泛化,由安全防护的功能拓展到全面手机管理。这就导致了用户注意力分散,稀释了用户使用手机安全功能的频率。用户更多的是使用手机安全软件清理手机垃圾,进行手机加速,管理应用软件。一般在支付过程中很少会主动打开手机安全防护功能,只是偶尔作为应急手段使用。

二、信用问题

快捷极速的用户体验和低廉的使用成本是用户选择移动支付优先考虑的问题,快捷极速是建立在系统运行良好、网络通信良好、平台信誉良好的基础上的。

(一) 系统运行良好

系统运行良好包括良好的系统运行逻辑和抗压能力。运行逻辑正常才能保证用户的指令被正确地发送，并匹配到指定业务和需求中去；而良好的抗压能力主要表现为在特定时段，一次性大规模用户同时使用而保证平台不瘫痪。平台的瘫痪会导致用户交易的不成功，从而客户会对移动支付平台产生不信任感，引发信任危机。

(二) 网络通信良好

在2015年5月和2016年7月都出现过一些地区的支付宝大面积故障，在线上和线下购物、用户之间进行转账均出现"网络不给力，请稍后再试"的提示，且持续时间较长，引起了不小的骚动。[1]良好的网络通信情况才能保证用户的交易有序地进行，网络堵塞或瘫痪会给用户带来不便，用户体验也会因此大打折扣。

(三) 平台信誉良好

移动支付对于平台（平台既可是第三方支付机构也可以是传统商业银行业务的转型）而言，吸引力在于交易所带来的收益，银行参与移动支付的厮杀，可以为其节省网点处理业务的部分支出，第三方支付机构参与移动支付的竞争，可以为其提供极为宝贵的用户数据。众所周知，移动支付的平台往往有大量的现金流，换句话说，即平台在一定程度上吸收了用户的存款，而此时，平台的信誉程度对于其用户而言至关重要。平台信誉良好体现在平台长期可持续经营的战略上，若是平台的信誉

---

〔1〕 "腾讯科技.支付宝出现大面积故障官方称已在恢复中"，载 https://tech.qq.com/a/20160722/024671.htm，最后访问日期：2018年6月13日。

不好，卷巨款潜逃，或是突然关门倒闭必会造成社会动荡。[1]

(四) 用户信用问题

移动支付除要求平台的信誉外，用户的信用体系也是十分重要的组成部分之一。由于部分用户的信用意识不强，支付绑定信用卡恶意拖欠、小额支付使用话费透支拖欠时有发生，以上情形均制约了移动支付的推广。

(五) 免费时代终结

自第三方机构移动支付业务的暴增，用户已经日益习惯了这种支付方式，用户在使用移动支付时，可以随时将银行卡上的资金与支付宝或微信关联，以方便随时进行支付行为和享受平台所提供的理财服务。然而，这种方式发生了转变，自2016年3月1日起，微信开始向用户收取提现手续费，而后自2016年10月12日起，支付宝也开始向用户收取提现手续费，手续费的收费标准均为提现金额的0.1%，微信提现的免费额度是1000元，支付宝提现的免费额度是2万元，且都是终身累计额度。长远来看，大额资金将回流传统的银行体系。

三、移动支付法规政策问题

移动支付法规政策问题主要来自经营资格和法律法规支持方面。

(一) 经营资格问题

随着网络购物业务的火爆和监管政策的实施，第三方支付的牌照近年来成了十分抢手的"香饽饽"。根据业内专家表示，

---

[1] 李鸿："移动支付风险防控实践"，载《中国金融》2016年第12期。

由于第三方支付的牌照属于稀缺资源且移动支付目标市场巨大，未来行业内部企业将会有一番变化，集中度将提升。而对于已经拿到牌照的部分企业而言，存在一种现象，那就是拿着牌照不知道该如何开展业务。这是由于第三方支付企业与银行在业务上存在部分的重叠，从而产生了竞争的关系，使以前的良好合作产生了嫌隙，且大多数第三方支付企业相对于银行而言，没有足够的话语权。[1]电信运营商拥有广大的手机用户，提供移动通信通道，并获得了支付牌照，发展移动支付具有很大的优势。而商业银行则掌握着用户的银行卡账户，在风险控制、信用体系方面拥有成熟的经验。银联作为线下收单市场的霸主，利用支付通道唯一提供者的身份和掌握的 POS 机资源加快了在移动支付行业的布局。第三方支付企业更是借助在互联网支付时代凝聚的品牌影响力和黏性较大的用户资源向移动支付领域开展业务。这几方势力差距不大，各方都想争夺行业的主导权，导致恶性竞争和资源浪费。

（二）法律法规支持问题

在移动支付发展的初期，政府为了支持产业的发展，给予宽松的环境。然而，移动支付已经发展到相对成熟的阶段，特别是在前几年呈井喷式的快速发展局面，有关部门不得不对移动支付的大环境插手管控，以保证移动支付行业朝着正常的轨道发展。曾有专业人士指出，移动支付在缺乏规范的情况下高速发展，整个行业面临着风险。[2]这是一个很明显的信号，背

---

[1] 鲁小兰、王鹏程："我国移动支付产业发展中存在的问题及对策"，载《武汉金融》2015 年第 4 期。

[2] 穆怀朋："非现金支付的发展及其规律性探析"，载《当代金融研究》2019 年第 3 期。

后代表的意思是，对于移动支付行业而言，需要监管部门进行治理和规范，对于移动支付企业而言，不再是野蛮生长，而是有控制的发展。银行等金融机构与非金融机构的移动支付相比，在认识客户、反洗钱方面具有丰富的经验。因此，即使是在严格的监管政策下，也能不影响自身业务，在竞争中占有优势，而非金融机构的移动支付企业，多为以科技为主的企业，虽然在科技方面占有优势，但是在认识客户、反洗钱方面缺少经验，加上对于政策内容的理解度不够，在严格的监管政策下，也可能会产生合规的风险，严重的情况甚至会受到罚款、叫停相关业务等处罚，从而制约企业的业务发展，使企业蒙受损失。[1]

---

〔1〕 张敏："论移动支付方式下未授权支付的民事法律责任"，载《学术论坛》2016年第3期。

第六章

中韩移动支付制度的解决方案及启示

第一节 韩国移动支付制度的解决方案

一、使用灵活和差异化的安全系统

(一) 使用异常金融交易检测系统 (FDS)

在简便付款过程中,安全主体从消费者转移到服务提供商。安全不是为消费者提供便利,而是服务提供商的责任。到目前为止,由服务器系统执行客户端对用户进行认证、验证、确认程序,并由 FDS 进行本人是否正确使用服务的系统验证工作。服务公司使用 FDS 通过大数据系统分析用户购买和支付等交易模式以提取模式。当发生偏离交易模式进行购买或支付时,将停止购买或支付并重新进行用户认证,从而防止账户被黑客等窃取账号的异常交易,保证服务的稳定性。FDS 被 PayPal 和支付宝使用,2011 年 6 月美国联邦金融机构检查委员会 (FFIEC) 建议金融公司建立 FDS,以便及时有效地应对电子金融不正当交易。2013 年 8 家韩国国内信用卡公司使用 FDS 发现了价值 360 亿韩元的非法交易。

（二）根据金额和信用区分安全级别

在韩国，以数十万韩元为单位进行小额支付，汇款时，与以数千万韩元为单位进行高额交易时使用的安全规定相同。与其统一执行相同级别的安全措施，不如根据交易规模或客户的信誉度执行不同的法规。例如，在支付数万韩元时，只需输入密码即可完成支付，而支付数十万韩元时，则需要进行短信或ARS认证（Authentication Response 验证，在韩国即接听认证电话，输入电话里的数字，点击认证完成）等附加认证。根据信用等级的不同，信用等级较高的客户主要是为了方便而付费，但信用等级越低，其应用的安全性越高。在美国和英国等发达国家，安全等级根据金额和信用度进行区分。

二、建立消费者保护制度

（一）使用第三方支付系统

像 PayPal 和支付宝这种第三方支付系统是通过在系统账户中注册个人银行账户或信用卡，用于电子商务网络服务中产品的购买和支付的电子钱包系统。第三方支付系统作为记账平台，在产品配送给买家的过程中，由于系统本身持有购买款，在买家确认产品已交付后将购买资金交付给卖家，方便且安全。[1]

（二）引入先补偿后分析体系

发生金融事故时，服务公司首先支持损失补偿，然后分析损失，分析顾客的过失和服务本身的过失，如果发现是顾客过失，则引入向客户索赔系统，必须使客户先信任并提供相关服务。

---

〔1〕김인숙：" 与移动应用内支付相关的消费者问题及改进措施"，载《消费者政策趋势》2013 年第 49 期。

(三) 原则上金融公司应对金融事故负责

目前，《韩国电子金融交易法》规定了电子金融业务经营者发生金融事故时的责任，但没有规定通知期限或责任范围。[1] 原则上，如果消费者对欺诈交易提出异议事故认定后一定期限内，要求金融公司赔偿损失，如果在没有正当理由的情况下超过异议期限，则有必要以消费者承担责任的方式修改法律。韩国国会在 2016 年 2 月提出了修改《韩国电子金融交易法》的法案，以根据盗窃和丢失原因的通知时间来区分金融公司的豁免范围。

(四) 防止对国内消费者的逆向歧视

为防止全球平台商过度行使市场权力和潜在的不公平贸易行为，通过对平台支付服务商的现状进行准确检查，先导性的分析对国内企业和用户造成损害的案例，在不适用国内法律的用户选择和用户保护等方面做好应对措施。例如，如果全球海外运营商利用其市场力量，突然改变其商店运营政策，可能会出现各种逆向歧视问题，比如强制开发者使用 App 内支付，单方面增加应用市场费用，降低开发者的收益率，或者由于只能使用 Visa 和 Master 进行支付而无法以韩元支付，需要采取对策。

三、完善立法体系

(一) 修订《韩国电子金融交易法》

现行的《韩国电子金融交易法》将电子金融行业分为七类，因此在推出一种新型服务时，存在相关行业可能无法正确定义

---

[1] 윤주희: "移动电子商务消费者问题的法律保护措施研究"，载《消费者问题研究》2014 年第 3 期。

的风险。因此，有必要将电子金融业务的分类简化为提前接收资金发行支付工具的预付费电子支付手段的发行与管理，以及其他电子支付服务业。

此外，《韩国电子金融交易法》和执行令、电子金融监管条例等，电子金融业者不仅统一规定了财务要求，而且对电算室专业人力数量、是否拥有发电设施等细节要求也有统一规定，杜绝了小型初创企业等新业务的进入。[1]因此，有必要修改法律，根据交易金额区分电子支付服务提供商必须具备的财务稳健性和人力物力要求。

（二）建立符合全球标准的法律体系

这是与国外企业公平竞争、促进用户便利化的必要条件，对国内企业与国外企业实施平等监管措施，以实现创新便捷的互联网支付服务商业化。换句话说，通过精确分析韩美自由贸易协定（FTA）等国际条约的监管方向，在加强互联网支付公司自主监管活动的方向上，为加强出现问题的问责制，需要将其制度化，以应对各种认证安全制度，放宽金融信息存储和使用限制，以方便使用，并引入对认证和使用的负面监管方法。

四、服务差异化

（一）开发融合服务

正如 Kakao Pay 是金融和信使相结合的产物，有必要开发各种有别于竞争对手的服务，如金融和 SNS 相结合，以增加消费者采用电子钱包的动力。例如，通过将信用卡与推特账户关联，

---

〔1〕사패란、김해룡、김지영："关注移动支付服务的环境属性和持续使用意愿——消费者情感体验为中心"，载《社会科学研究》2017 年第 3 期。

美国运通推出了一项服务,当客户在推特上发布他们想要的服务或为线下支付提供折扣时,该服务会向推特账户发放优惠券。

(二) 开发新的服务

近期,韩国国内金融科技公司提供的汇款和支付服务并不是新领域。这只不过是由 IT 企业负责现有金融公司的部分业务。[1] IT 公司只是接管了传统金融公司一直在做的部分任务。单纯地给现有服务增加便利性,金融公司也可以做到,只是因为认证证书等限制没有尝试而已。金融科技企业应结合自身特点,引入新的信用评价方法或大数据分析技术进行差异化服务。[2] 如果它不展示与现有服务的差异化服务,消费者将不会选择它。为了提供新的服务,需要与大平台和制造商积极合作,而不是简单地将卡支付转移到网上或移动支付。

第二节 中国移动支付制度的解决方案

一、提升技术

(一) 建立统一的移动支付技术标准体系

可以根据移动支付不同应用领域分别建立统一的移动支付技术标准体系。在终端应用领域,主要的参与方为移动终端的制造商,在终端和网络通信应用领域之间制定信息行业的国家标准和相关企业的行业标准体系,以保证数据接口的标准化。

---

[1] 김종현:"全球移动支付市场趋势与展望",载《每周金融和经济趋势》2015 年第 6 期。

[2] 정기석:"韩国移动便捷支付振兴研究",载《融合安全论文集》2015 年第 4 期。

网络通信应用领域，主要的参与方为通信运营商，如中国移动、中国联通、中国电信等，在网络通信和交易业务处理领域之间制定既符合企业内部标准又适合外部合作战略的标准体系，以保证数据的正常安全接入。交易和业务处理应用领域，主要的参与方为银行、第三方支付机构、银联等，在交易处理接口制定既符合通信应用又符合金融规则的标准体系，以保证所提供的金融服务的合规和质量。[1]

（二）支付安全升级

对于目前所存在的安全问题可以通过提升技术水平来保证系统运营和应用安全的实现。开发用于移动终端应用程序发行的标准化在线检测功能，特别是对与重要信息相关的重要数据，要进行多模式及安全加密算法的研究，并对提高软件安全展开大力研究，向用户推出安全使用指南，让不法分子无处下手、无机可乘。[2]

对于移动支付过程中频发的安全事件，用户要增强防范和自我保护意识，养成良好的使用习惯，选择可信的服务提供商，确保移动支付各类产品和服务的安全可靠性。首先应该保证手机终端的安全。比如为手机设置锁屏密码，尽量不要将手机"越狱"，下载正版应用程序，安装正版的手机安全软件。还要注意妥善保管好敏感信息，移动支付的便捷性导致个人信息很容易被窃取。保管好自己的银行卡卡号、身份证号及手机验证码，在登录支付账户时要谨慎输入密码。除为手机设置解锁密

---

[1] 张莉萍："实现物联网支付的安全性和标准化的路径研究"，载《信息技术与信息化》2019年第6期。

[2] 袁娜："移动支付的安全性问题及对策分析"，载《科技创新与应用》2015年第13期。

码外，也要尽量避免所有账号采用同样的密码，还要加强密码强度并定期更换密码。

（三）"异常交易+可疑追踪"管理模式

对于客户的交易按用户习惯设置预警，可以参照"反洗钱"的部分内容来实行。[1]首先，移动支付的机构应制定一套完善的"异常交易+可疑追踪"管理流程，对于大额交易、可疑交易进行界定，并通过一定的算法来差异化管理不同用户的非正常交易；其次，对于用户发送的大额交易、可疑交易数据进行分析和筛选排查，通过一套统一的规则判断是否用户本身操作，是否存在盗用风险，必要的时候进行回访确认，以保护用户的切身利益；再次，务必对敏感性信息的异常状态进行监控，若系统发现非法入侵等现象即可进行锁定，以确保数据的安全性；最后，对于频繁有异常收入的可疑商户进行挖掘分析研究，特别是对于与经营情况不符的巨额资金流入进行重点追踪。

只有移动支付产业链各主体密切合作以及用户自身提升安全意识，才能把移动支付行业的安全提升到新的高度。

二、设立应急预案

目前中国人民银行对于金融机构有相关应急预案方面的要求，对于依托于互联网金融的移动支付可以参考金融机构对应急预案方面的内容协调工作，以备特殊事故的发生。可以从如下几点进行考虑。

---

〔1〕 蒋先玲、徐晓兰："第三方支付态势与监管：自互联网金融观察"，载《改革》2014年第6期。

（一）建立应急预案体系

建立应急预案体系是为了减少移动支付的突发状况带给相关产业的经济损失，并最大限度地保障用户的权益，维护国家金融行业的稳定。应急预案体系应该包括应急预案的适用范围、应急预案小组的成员及职责分工、不同事件应急预案的对应方案和实施细则、应急预案的报告方法等。同时应当建设预警系统，对于超过警戒线的数值提前做好应对工作并根据不同的突发事件进行等级界定划分。

（二）完善应急预案流程

由于应急预案是特殊事故下才会发生的情况，跟日常业务处理的方式并不相同，完善的应急预案流程能指导相关人员在这种特殊情况下正确地处理业务。完善应急预案流程应从如下几方面着手：第一，制定的预案要有针对性和可操作性，要理论与实践相结合，切不可为了制定而制定，空有流程而无法按照流程来实施；第二，流程的制定应将各个环节贯通，应避免与现实脱节的情况出现；第三，应充分考虑各个部门间的相互协作，切不可部门只管自身业务范畴的预案内容，在执行时不能有效衔接；第四，要加强对于相关工作人员的紧急预案培训工作，做到当事故发生时，减少由于人为因素造成的不必要损失；第五，加强应急预案的领导和组织工作，设立应急预案办公小组，专项负责相关事宜。[1]

（三）定期进行应急预案演练

在应急预案流程制定好后应当测试其可行性，以及运行情

---

[1] 张璇等："基于贝叶斯网络的移动支付风险评估模型"，载《计算机工程与应用》2014年第5期。

况等方面的内容,这就要求移动支付的相关企业、机构定期进行应急预案演练。应急预案演练可以采取部分演练和全部演练两种方式,部分演练可以针对特殊事件只在小范围进行演练,目的是让相关工作人员熟悉流程,并找出不足;全部演练是全范围演练,目的是促进各个业务部门之间的配合工作,并找出交接环节中的漏洞从而有针对性地进行完善。定期进行应急预案演练不仅可以完善流程,还可以使整个环节更加流畅。

(四)设立灾害备份中心

移动支付业务是以数据为基础进行的,也就是说,数据是其核心内容之一。设立灾害备份中心可以极大限度地减少数据因为灾害而灭失的风险。灾害备份,一定程度上是数据安全性的保障。设立灾害备份中心,移动支付企业或机构不仅可以通过技术、利用相关资源在遇到灾害时最大限度地保障数据,而且在灾害发生后,可以迅速地恢复业务。

三、合规创新

(一)加强移动支付的政策引导

移动支付与传统金融的支付结算相比较,最大的优点是为用户提供了一个方便、快捷的支付环境和渠道,移动支付市场发展的主要动力来自持续的创新。为持续创新提供理想的环境,正确引导市场健康发展,必须加强移动支付的政策建设。首先,要制定合理的产业政策以鼓励移动支付行业的良性竞争;其次,要对垄断型企业进行有效的管理,正向引导移动支付市场;最后,要从用户角度出发,倡导满足社会公众正当需求的移动支付业务。

（二）加强法治建设，完善法律法规

移动支付作为互联网金融的方式之一，是金融的清算支付职能在互联网中的创新形式，其发展不仅要符合移动互联网的特点，还应遵循金融的法律法规。而金融监管当局也应根据市场环境来制定和实施有关法律法规，并制定统一的移动支付行业标准规范移动支付市场运作，在为用户提供便利支付服务的同时，提高移动支付行业整体水平和竞争能力。

（三）完善监管体系

移动支付是支付方式的创新，作为支付清算的监管部门中国人民银行应当完善自身体系建设，以保障经济的稳定运行。[1]可以从如下方面着手：第一，移动支付中所使用的货币并非实物货币，而是以电子化形式存在的，那么中国人民银行应当加强对电子货币的监管政策，适时调控，防止电子货币泛滥而对经济造成影响；第二，要对非银行的支付机构进行了解，并逐步纳入管理和监控的范畴，防范各类潜在的支付风险；第三，要综合市场和需求多方面的因素进行日常研究，以防止金融政策在制定上的偏差。

（四）移动支付领域的布局

在移动支付方面，银行业和第三方支付企业各自有着优势及劣势。银行业移动支付的优势在于金融服务的专业性、运营的安全性以及用户的信任度，劣势在于对移动支付产业不够重视，用户体验度不高，很多创新只是被动地迎合市场，缺乏主观能动性。第三方支付企业的移动支付与银行业的移动支付相

---

[1] 宋凤轩、范瑾："互联网第三方支付风险监管对策研究——基于政府监管与行业自律的视角"，载《经济论坛》2016年第6期。

比，优势在于有着丰富的支付场景、用户体验度高、销售渠道和客户资源丰富，劣势在于金融服务的专业性和运营的安全性差一些。传统商业银行想要在移动支付领域占据更高地位应加强布局力度，在一些便民服务方面的小额支付上进行创新；第三方支付企业在移动支付领域应更多地招揽金融专业人才，提高金融服务的专业性，同时在安全体系建设上加大投资力度；银行业和第三方支付企业在一定程度上存在互补关系，银行业和第三方支付企业还可以加强合作成为战略伙伴。[1]

（五）移动支付营销策略创新

在竞争激烈的移动支付市场环境中，无论第三方支付企业还是商业银行等金融机构，想要站稳脚步，都需要创新营销策略。目前在移动支付市场上存在的营销策略多为补贴式促销活动，这种方式在发展初期往往见效很快，能够帮助企业最大限度地迅速占领市场，但是随着移动支付市场的逐步成熟，补贴式促销的效果不如初期那么好了。移动支付企业应在增加客户黏性方面进行思考，将近场和远程相结合，探索多元化发展策略。

（六）移动支付产品的创新

目前，移动支付业务已保持了良好的增长势头，用户已经习惯了使用以智能手机作用于移动终端进行支付的方式。随着"互联网+"概念的提出，互联网不只与各个行业相叠加，也融入了人们的生活。未来在移动支付领域将不止局限于智能手机作为移动终端，体形更小、携带更便利且能够体现生物特征识

---

〔1〕 李麟、钱峰：《移动金融：创建移动互联网时代新金融模式》，清华大学出版社2013年版，第39~78页。

别方式的移动支付载体将成为未来的趋势。当前市场上已经出现一些可穿戴的便携式设备，属于手机的配件形态具有计算功能并与手机等终端连接。未来在这一领域将有更大的发展空间。[1]

第三节　中国移动支付系统的发展方向和建议

随着互联网金融和智能手机的飞速发展，移动支付机构迅速渗透个人生活并受到个人的喜爱。目前，中国人的生活不能离开移动支付系统。由于移动支付系统的稳定性关系到个人财产和信息安全，因此必须通过对移动支付系统的监督来加强它并使其为经济发展做出贡献。[2]零售企业本质是连接需求和供给两端市场的中介。在互联网背景下，阿里巴巴创立的零售网络平台理论上可以实现全球化市场，现实中阿里巴巴也做到了。阿里巴巴自有的支付和物流等核心技术足够支持零售业务全球化，2016年全球234个国家和地区的消费者参与了天猫"双11"购物节；2018年3月全球74个国家和地区的1.8万个品牌通过天猫平台进入中国市场，其中80%的品牌首次进入中国，改写了改革开放以来外资零售商进驻中国市场的路径和方式。阿里巴巴对市场边界拓展的创新实现了"买全球、卖全球"的全球化市场。

以下是中国移动支付系统发展需要解决的问题：

首先，应弄清移动支付机构的法律地位。现行法律规定将移动支付机构定义为非金融机构。但是，移动支付机构在银行

---

[1] 刘明等："移动支付对我国支付服务市场的影响问题研究"，载《华北金融》2016年第10期。

[2] 전익호："中国电子商务发展现状与展望"，载《国际经济评论》2014年第19期。

和用户之间起到连接作用，提供中介业务及服务等，作为准金融机构发挥着作用。因此，有必要将移动支付机构定义为半金融机构，以促进移动支付系统的发展并防止系统操作中发生的各种金融方面的风险。另外，与移动支付系统有关的立法是由行政部门制定的，其法律地位低于一般法律，因此不足以保护用户权利。因此，有必要参照最近颁布的《中华人民共和国电子商务法》，通过促进立法来阐明移动支付机构的法律地位。为了加强对整个移动支付系统的法律监督，移动支付机构的法律地位界分是必不可少的。不同的法律具有不同的法律监督方案，法律地位的不同直接决定了对法律进行监督的程度，而监督所需的措施和权力的大小非常重要。同时，移动支付机构的管理范围已大大扩展，现在涵盖了大部分金融任务，如汇款、资金结算、股票和保险。由于非金融机构的定义不再适用于移动支付机构，因此希望将其法律地位调整为准金融机构。

其次，应明确移动支付系统的监督机构。从目前对金融业的监管来看，没有针对移动支付机构的专业监督机构。美国和欧洲在这方面有许多经验。在美国，每个州都根据联邦政策进行监督。在中国，在中国人民银行的统一领导下，国家金融监督管理总局、税务部门和信息部门在内的多个部门应联合监督移动支付机构。中国人民银行和国家金融监督管理总局监督移动支付机构的资金和存款，信息部门监督互联网上的信息安全问题，税务部门负责监督税务事务。

再次，应补充移动支付机构的市场准入和退出标准。在发放和审查移动支付业务许可证时对于资产结构、信用等级等水平较低的公司应防止其进入市场。另外，除应用单一标准外，还需要通过为每个任务分别应用不同标准来评估任务的适用性。

由于它为公众提供金融服务,因此应明确筛选标准,以防不良公司进入并扰乱市场。2010年,中国人民银行对《支付业务许可证》的主体资格以及注册资金的最低限额,申请人和主要投资者的条件等规定了具体限制。[1]《支付业务许可证》由中国人民银行统一分配和管理,未经中国人民银行许可,任何非金融机构和个人均不得参与结算或依法进行。这提高了移动支付代理服务的质量并规范了市场,从而为追究公司责任,防止恶意竞争的不利影响提供了基础。清退不符合资格的机构也应该有明确的法律标准。移动支付机构不仅包含资金问题,而且还积累了多年商业活动中的客户数据,因此退出时需要遵循准则以保护客户的利益和信息。一旦流程不完善,公司及其客户就会流失。国外经验表明,当付款机构退出市场时,应将其存储的信息移交给相关机构,然后清理公司。中国的移动支付机构应通过合并、收购、破产等方式撤出,撤出时需要为由此产生的押金购买保险并进行处理,以防止客户信息泄露。

复次,应明确每个主体的法律责任。区分责任始终是管理的关键,只有合理区分责任归属才能有效管理。移动支付机构也不例外。用户在可以使用移动支付机构之前,必须先与该机构正式签约。旨在通过处理合同贯彻公平、公正和承诺原则,倡导互惠互利,以维护消费者的合法利益并防止移动支付机构垄断利润。签订合同时,移动支付机构不仅应定义其权利,还应注意其义务。在正式合同中,移动支付机构将列出许多可以免除其责任的条款,这会使用户在法律上处于不利地位。换句话说,即使移动支付系统中存在错误,用户也很难收集证据,

---

[1] 刘杰:"亚非主要地区移动支付比较与启示",载《金融科技时代》2019年第9期。

可能会损害他们的利益,因此用户要按照责任原则出具证据证明不是自己的过错。此外,法律上要明确移动支付机构用户的责任,在用户签订格式合同时,要禁止过分加重用户的责任。付款机构应禁止使用其有利的地位,泄露客户的个人信息以及侵犯用户权利。此外,可以使用实名制对用户进行筛选,并尽可能地禁止用户将账户使用虚假信息或窃取他人信息。

最后,应完善支付结算存款管理制度。由于支付存款业务占据了移动支付机构的很大一部分,因此在其管理中受到了很多关注。存款必须被确认为客户的资产,并且存款的账户必须独立于支付机构的账户,以确保这部分资金的安全。在现有立法中,法律将这部分资金归客户所有,客户有权处置这部分资金,而结算机构知道这笔钱不应该使用。根据2013年《支付机构客户备付金存管办法》的规定,支付机构收到的客户存款必须全额支付到支付机构开设的专用账户中。[1]存款机构应通过资本账户对存款人的储备账户进行管理,并防止提取现金。2017年1月,中国人民银行发布了《关于实施支付机构客户备付金集中存管有关事项的通知》。根据通知,支付机构将以一定比率将已接收客户的存款存储在其指定账户中。客户存款的这种密集存储有助于统一管理分配的资金,有助于保护客户的资金并提高移动支付机构的社会信用。[2]但是,这会严重破坏资金的流动性,对促进经济增长是不利的。因此,大多数学者坚持认为,一些信誉良好且运营良好的移动支付机构可以通过投资支付存款和利息来产生收入,因此他们必须在一定水平上确认这

---

[1] 赵雪杰、孟庆军:"'中国式支付'走向世界的问题及对策",载《经济研究导刊》2018年第33期。

[2] 闫姝:"移动支付发展前景探析",载《黑龙江金融》2019年第1期。

些收入。可以借鉴欧盟的方法，该方法应能够在受到严格限制的投资下使用有限数量的支付存款，在指定范围内进行投资。但是，这将需要严格控制和安排资金，以确保完整的存款监督系统。

第四节　中国移动支付对韩国的影响

自 2007 年以来，中国的银联进入了韩国市场，并提供了以中国游客经常光顾的免税商店、百货商店和购物中心为中心的付款服务。2015 年，移动支付系统支付宝和微信进入了韩国市场。韩国的百货商店、免税商店和便利店继续为中国消费者提供支付宝或微信支付服务。随着用户数量的快速增长，支付宝于 2016 年 11 月 22 日在韩国建立了客户服务中心，这是支付宝在国外建立的第一个客户服务中心。

韩国的网上支付虽然比中国起步早，但由于各种政策限制，其在线支付不及中国。韩国的移动支付与中国的移动支付的不同之处在于，在线支付主要通过手机进行。中国式移动支付在韩国尚未发展开来。到 2014 年，韩国严格控制了在线支付行业，强行安装了电子认证程序和病毒防护软件，并同时安装了虚拟键盘等软件。韩国法律限制外国资本进入某些金融部门。因此，支付宝进入韩国两年后还无法为韩国服务。在韩国，中国的支付公司必须与韩国的金融公司合作，并且只能向访问韩国的中国游客提供服务。

支付宝要想面向韩国人营业，必须按照《韩国电子金融交易法》注册为电子预付卡发行公司，但几乎不能满足这一条件。2015 年 11 月 30 日，蚂蚁金服获准在韩国建立互联网银行；2017

第六章 中韩移动支付制度的解决方案及启示

年4月3日，与韩国KT合作成立了韩国第一家互联网银行K-Bank。K-Bank在两个月内吸引了60 000笔存款，在两个月内实现了预设目标。蚂蚁金服还与Kakao结成了战略联盟，并投资2亿美元提供Kakao Pay服务。Kakao Pay是由Kakao和电信公司LG CNS联合提供的移动简单支付系统。

2017年7月27日，韩国第二家互联网银行Kakao银行成立。Kakao银行由拥有Kakao 8.28%股权的腾讯投资。Kakao银行是由包括腾讯在内的五家金融服务公司和包括国民银行在内的四家银行投资成立的。除一般的金融服务外，Kakao银行还向22个国家或地区提供超过1亿韩元的贷款和汇款服务。Kakao Talk在韩国拥有超过4000万用户，而Kakao Pay为Kakao Talk用户提供简单的支付服务。Kakao Pay的主要任务是为Kakao Talk用户提供快速汇款服务，为基于大数据的个人提供信用贷款，为小企业主提供小额贷款。其服务范围与中国的支付宝非常相似。当前，韩国主要的移动支付服务提供商包括Naver、Kakao、SKT、LGU+、乐天、新世界和三星。在韩国，移动支付在在线支付中所占的比例越来越高。互联网银行的建立也促进了移动支付市场的发展。韩国的互联网普及率和智能手机普及率是世界上最高的。因此，移动支付有望在未来扩展。

对于银行而言，电子汇款手续费仍然是重要且稳定的收入来源。移动支付系统的发展严重影响了银行的利润，改变了支付方式。韩国和中国的银行在很大程度上相似性。一些大型商业银行被垄断，银行高度垄断的市场既可以检查移动支付的发展情况，也可以帮助它们发展。中国首次实行移动支付系统时，是利用银行的支付网络，通过银行账户来积累个人信息。但是，韩国与中国的不同之处在于，它没有经过这样的程序就建立了互联网银行。

韩国线下移动支付市场落后的主因是过度使用信用卡,每人平均发行的信用卡数量位居世界之首。截至2016年年底,韩国拥有10 840 000张借记卡,同比增长3%,而信用卡为956万张,同比增长2.7%。信用卡总额为596万亿韩元,同比增长11.4%。借记卡总额为150万亿韩元,同比增长14.5%。在韩国,使用信用卡付款非常普遍,因此无法使用像中国这样的第三方付款服务。其他原因还包括让技术发展滞后的事先限制、支付安全问题等。与此相反,微信支付和支付宝能在中国席卷支付市场,甚至可以改变结算习惯,是因为中国政府大力支持,对加盟店收取低手续费,使消费者和经营者都能得到实惠,由此创造出了一个覆盖线上和线下的新商业平台,而且用户对以坚实的技术力量引领的服务有着深厚的信赖。韩国虽然已经拥有强大的信用体系,但是移动支付系统比信用卡更易于使用,因此预计将来韩国的用户会增加。

中国之所以能够从现金社会迅速转变为移动支付社会,其原因有三:第一,政府的积极支持和放宽对金融革新的规制起到了重要的支撑作用;第二,不依赖支付手续费,从而摆脱了简单支付模式,为与金融及生活O2O服务相联系的各种商业拓展平台;第三,发展多种用户优惠和由支付行为本身带来快捷的创新服务。

韩国因以信用卡为主的封闭结算系统和政府的过分限制等在全球移动支付市场竞争中落后,而中国的移动支付发展奇迹则可以为韩国移动支付的发展提供启示。为了激活韩国的移动支付,特别是激活与在线支付相比非常落后的线下支付,需要做到以下几点:第一,依托政府的大力支持,创新硬约束机制,降低金融科技产业进入市场的壁垒，促进市场竞争；第二，节约集中于信用卡的商务交易费用，将这些费用转化为对运营商和用户的使用优惠，通过用户基础设施建设和发展大数据业务，扩展商务平台；第三，要注重对用户支付便利及优惠的持续创新开发，努力培养诚信服务、系统安全等专业的人才。

第七章

结　论

如今，移动支付系统的发展已经成为推动中国经济发展的强大动力，尤其是近年来，支付的便利性带动了各个领域的发展，带来了经济增长。中国经济的快速增长为在线支付系统（包括移动支付系统）的发展做出了巨大贡献。特别是，随着世界各国努力发展结合IT和金融的金融科技行业，移动支付系统正顺应这一趋势。当前，移动支付系统正在蓬勃发展并且不断创新。在发展的初期，它是从通过计算机终端进行在线支付开始的，但是现在，智能手机的出现已经使其达到了不需要支付终端的时代。

考虑到该市场仍处于起步阶段，中国政府正在密切关注移动支付系统市场的发展。实际上，当前的管理监督模型和系统很难跟上移动支付系统变化的步伐，因此很难制定适合现实的管理监督系统和监管计划。在其他领域，可以借鉴发达国家的经验，但是移动支付系统缺乏借鉴经验，因为中国拥有最大的用户群体和最先进的技术。世界上很难找到另一个像中国这样在简单支付领域拥有如此快的发展速度的国家。这影响了整个中国的金融业，并正在改变政府对金融业的监管制度。移动支付行业并不是第一次出现在中国，但是随着互联网和IT技术的

第七章 结 论

迅猛发展，它现在已成为中国使用最广泛的行业。中国独特的移动支付系统吸引了全世界的目光，但由于政策法规和现状的差异，在其他国家的发展不如中国流行。

在这种情况下，本书对韩国和中国的移动支付系统进行了研究。相比之下，移动支付系统的发展速度太快，监管制度和法律制度不能完全跟上发展速度，稍有不慎就会制约移动支付产业的发展。移动支付系统由独立的移动支付系统负责运营，提供和银行支付系统的连接及通道服务，资金转账在线支付服务。移动支付系统的作用在于提高支付效率，确保电子商务的稳定性，并确保其快速健康的发展。应当加快移动支付系统的专门立法，以保护用户利益，减少损失，并针对新情况提供相应对策和措施。自2015年6月以来，中国人民银行一直在制定与移动支付系统相关的法规，以解决实际操作过程中出现的问题。但是，过于严格的法规可能会阻碍移动支付系统的创新，可能不利于中国互联网金融行业的发展与创新。

韩国在移动支付系统领域没有迅速发展。最近，韩国提供了不同于中国的移动支付服务，并且还试图通过建立互联网银行来建立符合韩国实际的支付服务。由于未来将是一个更加便利和快捷的无现金社会，因此必须以某种形式进行支付服务创新。中国已经处于无现金支付时代。移动支付系统在无现金支付时代起着领导作用。这些变化正在影响传统的电子商务和金融服务，并影响政府的监管体系。

附　录

附录1：
中华人民共和国电子商务法

第一章　总　则

第一条　为了保障电子商务各方主体的合法权益，规范电子商务行为，维护市场秩序，促进电子商务持续健康发展，制定本法。

第二条　中华人民共和国境内的电子商务活动，适用本法。

本法所称电子商务，是指通过互联网等信息网络销售商品或者提供服务的经营活动。

法律、行政法规对销售商品或者提供服务有规定的，适用其规定。金融类产品和服务，利用信息网络提供新闻信息、音视频节目、出版以及文化产品等内容方面的服务，不适用本法。

第三条　国家鼓励发展电子商务新业态，创新商业模式，促进电子商务技术研发和推广应用，推进电子商务诚信体系建设，营造有利于电子商务创新发展的市场环境，充分发挥电子商务在推动高质量发展、满足人民日益增长的美好生活需要、构建开放型经济方面的重要作用。

第四条　国家平等对待线上线下商务活动，促进线上线下融合发展，各级人民政府和有关部门不得采取歧视性的政策措施，不得滥用行政权力排除、限制市场竞争。

第五条 电子商务经营者从事经营活动，应当遵循自愿、平等、公平、诚信的原则，遵守法律和商业道德，公平参与市场竞争，履行消费者权益保护、环境保护、知识产权保护、网络安全与个人信息保护等方面的义务，承担产品和服务质量责任，接受政府和社会的监督。

第六条 国务院有关部门按照职责分工负责电子商务发展促进、监督管理等工作。县级以上地方各级人民政府可以根据本行政区域的实际情况，确定本行政区域内电子商务的部门职责划分。

第七条 国家建立符合电子商务特点的协同管理体系，推动形成有关部门、电子商务行业组织、电子商务经营者、消费者等共同参与的电子商务市场治理体系。

第八条 电子商务行业组织按照本组织章程开展行业自律，建立健全行业规范，推动行业诚信建设，监督、引导本行业经营者公平参与市场竞争。

第二章　电子商务经营者

第一节　一般规定

第九条 本法所称电子商务经营者，是指通过互联网等信息网络从事销售商品或者提供服务的经营活动的自然人、法人和非法人组织，包括电子商务平台经营者、平台内经营者以及通过自建网站、其他网络服务销售商品或者提供服务的电子商务经营者。

本法所称电子商务平台经营者，是指在电子商务中为交易双方或者多方提供网络经营场所、交易撮合、信息发布等服务，供交易双方或者多方独立开展交易活动的法人或者非法人组织。

本法所称平台内经营者，是指通过电子商务平台销售商品或者提供服务的电子商务经营者。

第十条 电子商务经营者应当依法办理市场主体登记。但是，个人销售自产农副产品、家庭手工业产品，个人利用自己的技能从事依法无须取得许可的便民劳务活动和零星小额交易活动，以及依照法律、行政法规不需要进行登记的除外。

第十一条 电子商务经营者应当依法履行纳税义务，并依法享受税收优惠。

依照前条规定不需要办理市场主体登记的电子商务经营者在首次纳税义务发生后，应当依照税收征收管理法律、行政法规的规定申请办理税务登记，并如实申报纳税。

第十二条 电子商务经营者从事经营活动，依法需要取得相关行政许可的，应当依法取得行政许可。

第十三条 电子商务经营者销售的商品或者提供的服务应当符合保障人身、财产安全的要求和环境保护要求，不得销售或者提供法律、行政法规禁止交易的商品或者服务。

第十四条 电子商务经营者销售商品或者提供服务应当依法出具纸质发票或者电子发票等购货凭证或者服务单据。电子发票与纸质发票具有同等法律效力。

第十五条 电子商务经营者应当在其首页显著位置，持续公示营业执照信息、与其经营业务有关的行政许可信息、属于依照本法第十条规定的不需要办理市场主体登记情形等信息，或者上述信息的链接标识。

前款规定的信息发生变更的，电子商务经营者应当及时更新公示信息。

第十六条 电子商务经营者自行终止从事电子商务的，应当提前三十日在首页显著位置持续公示有关信息。

第十七条 电子商务经营者应当全面、真实、准确、及时地披露商品或者服务信息，保障消费者的知情权和选择权。电子商务经营者不得以虚构交易、编造用户评价等方式进行虚假或者引人误解的商业宣传，欺骗、误导消费者。

第十八条 电子商务经营者根据消费者的兴趣爱好、消费习惯等特征向其提供商品或者服务的搜索结果的，应当同时向该消费者提供不针对其个人特征的选项，尊重和平等保护消费者合法权益。

电子商务经营者向消费者发送广告的，应当遵守《中华人民共和国广告法》的有关规定。

第十九条 电子商务经营者搭售商品或者服务，应当以显著方式提请消费者注意，不得将搭售商品或者服务作为默认同意的选项。

第二十条 电子商务经营者应当按照承诺或者与消费者约定的方式、时限向消费者交付商品或者服务，并承担商品运输中的风险和责任。但是，消费者另行选择快递物流服务提供者的除外。

第二十一条 电子商务经营者按照约定向消费者收取押金的，应当明示押金退还的方式、程序，不得对押金退还设置不合理条件。消费者申请退还押金，符合押金退还条件的，电子商务经营者应当及时退还。

第二十二条 电子商务经营者因其技术优势、用户数量、对相关行业的控制能力以及其他经营者对该电子商务经营者在交易上的依赖程度等因素而具有市场支配地位的，不得滥用市场支配地位，排除、限制竞争。

第二十三条 电子商务经营者收集、使用其用户的个人信息，应当遵守法律、行政法规有关个人信息保护的规定。

第二十四条 电子商务经营者应当明示用户信息查询、更正、删除以及用户注销的方式、程序，不得对用户信息查询、更正、删除以及用户注销设置不合理条件。

电子商务经营者收到用户信息查询或者更正、删除的申请的，应当在核实身份后及时提供查询或者更正、删除用户信息。用户注销的，电子商务经营者应当立即删除该用户的信息；依照法律、行政法规的规定或者双方约定保存的，依照其规定。

第二十五条 有关主管部门依照法律、行政法规的规定要求电子商务经营者提供有关电子商务数据信息的，电子商务经营者应当提供。有关主管部门应当采取必要措施保护电子商务经营者提供的数据信息的安全，并对其中的个人信息、隐私和商业秘密严格保密，不得泄露、出售或者非法向他人提供。

第二十六条 电子商务经营者从事跨境电子商务，应当遵守进出口监督管理的法律、行政法规和国家有关规定。

第二节 电子商务平台经营者

第二十七条 电子商务平台经营者应当要求申请进入平台销售商品或者提供服务的经营者提交其身份、地址、联系方式、行政许可等真实信息，进行核验、登记，建立登记档案，并定期核验更新。

电子商务平台经营者为进入平台销售商品或者提供服务的非经营用户提供服务，应当遵守本节有关规定。

第二十八条 电子商务平台经营者应当按照规定向市场监

督管理部门报送平台内经营者的身份信息，提示未办理市场主体登记的经营者依法办理登记，并配合市场监督管理部门，针对电子商务的特点，为应当办理市场主体登记的经营者办理登记提供便利。

电子商务平台经营者应当依照税收征收管理法律、行政法规的规定，向税务部门报送平台内经营者的身份信息和与纳税有关的信息，并应当提示依照本法第十条规定不需要办理市场主体登记的电子商务经营者依照本法第十一条第二款的规定办理税务登记。

第二十九条　电子商务平台经营者发现平台内的商品或者服务信息存在违反本法第十二条、第十三条规定情形的，应当依法采取必要的处置措施，并向有关主管部门报告。

第三十条　电子商务平台经营者应当采取技术措施和其他必要措施保证其网络安全、稳定运行，防范网络违法犯罪活动，有效应对网络安全事件，保障电子商务交易安全。

电子商务平台经营者应当制定网络安全事件应急预案，发生网络安全事件时，应当立即启动应急预案，采取相应的补救措施，并向有关主管部门报告。

第三十一条　电子商务平台经营者应当记录、保存平台上发布的商品和服务信息、交易信息，并确保信息的完整性、保密性、可用性。商品和服务信息、交易信息保存时间自交易完成之日起不少于三年；法律、行政法规另有规定的，依照其规定。

第三十二条　电子商务平台经营者应当遵循公开、公平、公正的原则，制定平台服务协议和交易规则，明确进入和退出平台、商品和服务质量保障、消费者权益保护、个人信息保护等方面的权利和义务。

第三十三条 电子商务平台经营者应当在其首页显著位置持续公示平台服务协议和交易规则信息或者上述信息的链接标识,并保证经营者和消费者能够便利、完整地阅览和下载。

第三十四条 电子商务平台经营者修改平台服务协议和交易规则,应当在其首页显著位置公开征求意见,采取合理措施确保有关各方能够及时充分表达意见。修改内容应当至少在实施前七日予以公示。

平台内经营者不接受修改内容,要求退出平台的,电子商务平台经营者不得阻止,并按照修改前的服务协议和交易规则承担相关责任。

第三十五条 电子商务平台经营者不得利用服务协议、交易规则以及技术等手段,对平台内经营者在平台内的交易、交易价格以及与其他经营者的交易等进行不合理限制或者附加不合理条件,或者向平台内经营者收取不合理费用。

第三十六条 电子商务平台经营者依据平台服务协议和交易规则对平台内经营者违反法律、法规的行为实施警示、暂停或者终止服务等措施的,应当及时公示。

第三十七条 电子商务平台经营者在其平台上开展自营业务的,应当以显著方式区分标记自营业务和平台内经营者开展的业务,不得误导消费者。

电子商务平台经营者对其标记为自营的业务依法承担商品销售者或者服务提供者的民事责任。

第三十八条 电子商务平台经营者知道或者应当知道平台内经营者销售的商品或者提供的服务不符合保障人身、财产安全的要求,或者有其他侵害消费者合法权益行为,未采取必要措施的，依法与该平台内经营者承担连带责任。

对关系消费者生命健康的商品或者服务，电子商务平台经营者对平台内经营者的资质资格未尽到审核义务，或者对消费者未尽到安全保障义务，造成消费者损害的，依法承担相应的责任。

第三十九条 电子商务平台经营者应当建立健全信用评价制度，公示信用评价规则，为消费者提供对平台内销售的商品或者提供的服务进行评价的途径。

电子商务平台经营者不得删除消费者对其平台内销售的商品或者提供的服务的评价。

第四十条 电子商务平台经营者应当根据商品或者服务的价格、销量、信用等以多种方式向消费者显示商品或者服务的搜索结果；对于竞价排名的商品或者服务，应当显著标明"广告"。

第四十一条 电子商务平台经营者应当建立知识产权保护规则，与知识产权权利人加强合作，依法保护知识产权。

第四十二条 知识产权权利人认为其知识产权受到侵害的，有权通知电子商务平台经营者采取删除、屏蔽、断开链接、终止交易和服务等必要措施。通知应当包括构成侵权的初步证据。

电子商务平台经营者接到通知后，应当及时采取必要措施，并将该通知转送平台内经营者；未及时采取必要措施的，对损害的扩大部分与平台内经营者承担连带责任。

因通知错误造成平台内经营者损害的，依法承担民事责任。恶意发出错误通知，造成平台内经营者损失的，加倍承担赔偿责任。

第四十三条 平台内经营者接到转送的通知后，可以向电子商务平台经营者提交不存在侵权行为的声明。声明应当包括不存在侵权行为的初步证据。

电子商务平台经营者接到声明后,应当将该声明转送发出通知的知识产权权利人,并告知其可以向有关主管部门投诉或者向人民法院起诉。电子商务平台经营者在转送声明到达知识产权权利人后十五日内,未收到权利人已经投诉或者起诉通知的,应当及时终止所采取的措施。

第四十四条　电子商务平台经营者应当及时公示收到的本法第四十二条、第四十三条规定的通知、声明及处理结果。

第四十五条　电子商务平台经营者知道或者应当知道平台内经营者侵犯知识产权的,应当采取删除、屏蔽、断开链接、终止交易和服务等必要措施;未采取必要措施的,与侵权人承担连带责任。

第四十六条　除本法第九条第二款规定的服务外,电子商务平台经营者可以按照平台服务协议和交易规则,为经营者之间的电子商务提供仓储、物流、支付结算、交收等服务。电子商务平台经营者为经营者之间的电子商务提供服务,应当遵守法律、行政法规和国家有关规定,不得采取集中竞价、做市商等集中交易方式进行交易,不得进行标准化合约交易。

第三章　电子商务合同的订立与履行

第四十七条　电子商务当事人订立和履行合同,适用本章和《中华人民共和国民法总则》《中华人民共和国合同法》《中华人民共和国电子签名法》等法律的规定。

第四十八条　电子商务当事人使用自动信息系统订立或者履行合同的行为对使用该系统的当事人具有法律效力。

在电子商务中推定当事人具有相应的民事行为能力。但是，有相反证据足以推翻的除外。

第四十九条 电子商务经营者发布的商品或者服务信息符合要约条件的，用户选择该商品或者服务并提交订单成功，合同成立。当事人另有约定的，从其约定。

电子商务经营者不得以格式条款等方式约定消费者支付价款后合同不成立；格式条款等含有该内容的，其内容无效。

第五十条 电子商务经营者应当清晰、全面、明确地告知用户订立合同的步骤、注意事项、下载方法等事项，并保证用户能够便利、完整地阅览和下载。

电子商务经营者应当保证用户在提交订单前可以更正输入错误。

第五十一条 合同标的为交付商品并采用快递物流方式交付的，收货人签收时间为交付时间。合同标的为提供服务的，生成的电子凭证或者实物凭证中载明的时间为交付时间；前述凭证没有载明时间或者载明时间与实际提供服务时间不一致的，实际提供服务的时间为交付时间。

合同标的为采用在线传输方式交付的，合同标的进入对方当事人指定的特定系统并且能够检索识别的时间为交付时间。

合同当事人对交付方式、交付时间另有约定的，从其约定。

第五十二条 电子商务当事人可以约定采用快递物流方式交付商品。

快递物流服务提供者为电子商务提供快递物流服务，应当遵守法律、行政法规，并应当符合承诺的服务规范和时限。快递物流服务提供者在交付商品时，应当提示收货人当面查验；交由他人代收的，应当经收货人同意。

快递物流服务提供者应当按照规定使用环保包装材料，实现包装材料的减量化和再利用。

快递物流服务提供者在提供快递物流服务的同时，可以接受电子商务经营者的委托提供代收货款服务。

第五十三条　电子商务当事人可以约定采用电子支付方式支付价款。

电子支付服务提供者为电子商务提供电子支付服务，应当遵守国家规定，告知用户电子支付服务的功能、使用方法、注意事项、相关风险和收费标准等事项，不得附加不合理交易条件。电子支付服务提供者应当确保电子支付指令的完整性、一致性、可跟踪稽核和不可篡改。

电子支付服务提供者应当向用户免费提供对账服务以及最近三年的交易记录。

第五十四条　电子支付服务提供者提供电子支付服务不符合国家有关支付安全管理要求，造成用户损失的，应当承担赔偿责任。

第五十五条　用户在发出支付指令前，应当核对支付指令所包含的金额、收款人等完整信息。

支付指令发生错误的，电子支付服务提供者应当及时查找原因，并采取相关措施予以纠正。造成用户损失的，电子支付服务提供者应当承担赔偿责任，但能够证明支付错误非自身原因造成的除外。

第五十六条　电子支付服务提供者完成电子支付后，应当及时准确地向用户提供符合约定方式的确认支付的信息。

第五十七条　用户应当妥善保管交易密码、电子签名数据等安全工具。用户发现安全工具遗失、被盗用或者未经授权的支付的,应当及时通知电子支付服务提供者。

未经授权的支付造成的损失,由电子支付服务提供者承担;电子支付服务提供者能够证明未经授权的支付是因用户的过错造成的,不承担责任。

电子支付服务提供者发现支付指令未经授权,或者收到用户支付指令未经授权的通知时,应当立即采取措施防止损失扩大。电子支付服务提供者未及时采取措施导致损失扩大的,对损失扩大部分承担责任。

第四章 电子商务争议解决

第五十八条 国家鼓励电子商务平台经营者建立有利于电子商务发展和消费者权益保护的商品、服务质量担保机制。

电子商务平台经营者与平台内经营者协议设立消费者权益保证金的,双方应当就消费者权益保证金的提取数额、管理、使用和退还办法等作出明确约定。

消费者要求电子商务平台经营者承担先行赔偿责任以及电子商务平台经营者赔偿后向平台内经营者的追偿,适用《中华人民共和国消费者权益保护法》的有关规定。

第五十九条 电子商务经营者应当建立便捷、有效的投诉、举报机制,公开投诉、举报方式等信息,及时受理并处理投诉、举报。

第六十条 电子商务争议可以通过协商和解,请求消费者组织、行业协会或者其他依法成立的调解组织调解,向有关部门投诉,提请仲裁,或者提起诉讼等方式解决。

第六十一条 消费者在电子商务平台购买商品或者接受服务,与平台内经营者发生争议时,电子商务平台经营者应当积极协助消费者维护合法权益。

第六十二条 在电子商务争议处理中,电子商务经营者应当提供原始合同和交易记录。因电子商务经营者丢失、伪造、篡改、销毁、隐匿或者拒绝提供前述资料,致使人民法院、仲裁机构或者有关机关无法查明事实的,电子商务经营者应当承担相应的法律责任。

第六十三条 电子商务平台经营者可以建立争议在线解决机制,制定并公示争议解决规则,根据自愿原则,公平、公正地解决当事人的争议。

第五章 电子商务促进

第六十四条 国务院和省、自治区、直辖市人民政府应当将电子商务发展纳入国民经济和社会发展规划,制定科学合理的产业政策,促进电子商务创新发展。

第六十五条 国务院和县级以上地方人民政府及其有关部门应当采取措施,支持、推动绿色包装、仓储、运输,促进电子商务绿色发展。

第六十六条 国家推动电子商务基础设施和物流网络建设,完善电子商务统计制度,加强电子商务标准体系建设。

第六十七条 国家推动电子商务在国民经济各个领域的应用,支持电子商务与各产业融合发展。

第六十八条 国家促进农业生产、加工、流通等环节的互联网技术应用,鼓励各类社会资源加强合作,促进农村电子商务发展,发挥电子商务在精准扶贫中的作用。

第六十九条 国家维护电子商务交易安全,保护电子商务用户信息,鼓励电子商务数据开发应用,保障电子商务数据依法有序自由流动。

国家采取措施推动建立公共数据共享机制，促进电子商务经营者依法利用公共数据。

第七十条 国家支持依法设立的信用评价机构开展电子商务信用评价，向社会提供电子商务信用评价服务。

第七十一条 国家促进跨境电子商务发展，建立健全适应跨境电子商务特点的海关、税收、进出境检验检疫、支付结算等管理制度，提高跨境电子商务各环节便利化水平，支持跨境电子商务平台经营者等为跨境电子商务提供仓储物流、报关、报检等服务。

国家支持小型微型企业从事跨境电子商务。

第七十二条 国家进出口管理部门应当推进跨境电子商务海关申报、纳税、检验检疫等环节的综合服务和监管体系建设，优化监管流程，推动实现信息共享、监管互认、执法互助，提高跨境电子商务服务和监管效率。跨境电子商务经营者可以凭电子单证向国家进出口管理部门办理有关手续。

第七十三条 国家推动建立与不同国家、地区之间跨境电子商务的交流合作，参与电子商务国际规则的制定，促进电子签名、电子身份等国际互认。

国家推动建立与不同国家、地区之间的跨境电子商务争议解决机制。

第六章　法律责任

第七十四条 电子商务经营者销售商品或者提供服务，不履行合同义务或者履行合同义务不符合约定，或者造成他人损害的，依法承担民事责任。

第七十五条　电子商务经营者违反本法第十二条、第十三条规定，未取得相关行政许可从事经营活动，或者销售、提供法律、行政法规禁止交易的商品、服务，或者不履行本法第二十五条规定的信息提供义务，电子商务平台经营者违反本法第四十六条规定，采取集中交易方式进行交易，或者进行标准化合约交易的，依照有关法律、行政法规的规定处罚。

第七十六条　电子商务经营者违反本法规定，有下列行为之一的，由市场监督管理部门责令限期改正，可以处一万元以下的罚款，对其中的电子商务平台经营者，依照本法第八十一条第一款的规定处罚：

（一）未在首页显著位置公示营业执照信息、行政许可信息、属于不需要办理市场主体登记情形等信息，或者上述信息的链接标识的；

（二）未在首页显著位置持续公示终止电子商务的有关信息的；

（三）未明示用户信息查询、更正、删除以及用户注销的方式、程序，或者对用户信息查询、更正、删除以及用户注销设置不合理条件的。

电子商务平台经营者对违反前款规定的平台内经营者未采取必要措施的，由市场监督管理部门责令限期改正，可以处二万元以上十万元以下的罚款。

第七十七条　电子商务经营者违反本法第十八条第一款规定提供搜索结果，或者违反本法第十九条规定搭售商品、服务的，由市场监督管理部门责令限期改正，没收违法所得，可以并处五万元以上二十万元以下的罚款；情节严重的，并处二十万元以上五十万元以下的罚款。

第七十八条 电子商务经营者违反本法第二十一条规定，未向消费者明示押金退还的方式、程序，对押金退还设置不合理条件，或者不及时退还押金的，由有关主管部门责令限期改正，可以处五万元以上二十万元以下的罚款；情节严重的，处二十万元以上五十万元以下的罚款。

第七十九条 电子商务经营者违反法律、行政法规有关个人信息保护的规定，或者不履行本法第三十条和有关法律、行政法规规定的网络安全保障义务的，依照《中华人民共和国网络安全法》等法律、行政法规的规定处罚。

第八十条 电子商务平台经营者有下列行为之一的，由有关主管部门责令限期改正；逾期不改正的，处二万元以上十万元以下的罚款；情节严重的，责令停业整顿，并处十万元以上五十万元以下的罚款：

（一）不履行本法第二十七条规定的核验、登记义务的；

（二）不按照本法第二十八条规定向市场监督管理部门、税务部门报送有关信息的；

（三）不按照本法第二十九条规定对违法情形采取必要的处置措施，或者未向有关主管部门报告的；

（四）不履行本法第三十一条规定的商品和服务信息、交易信息保存义务的。

法律、行政法规对前款规定的违法行为的处罚另有规定的，依照其规定。

第八十一条 电子商务平台经营者违反本法规定，有下列行为之一的，由市场监督管理部门责令限期改正，可以处二万元以上十万元以下的罚款；情节严重的，处十万元以上五十万元以下的罚款：

（一）未在首页显著位置持续公示平台服务协议、交易规则信息或者上述信息的链接标识的；

（二）修改交易规则未在首页显著位置公开征求意见，未按照规定的时间提前公示修改内容，或者阻止平台内经营者退出的；

（三）未以显著方式区分标记自营业务和平台内经营者开展的业务的；

（四）未为消费者提供对平台内销售的商品或者提供的服务进行评价的途径，或者擅自删除消费者的评价的。

电子商务平台经营者违反本法第四十条规定，对竞价排名的商品或者服务未显著标明"广告"的，依照《中华人民共和国广告法》的规定处罚。

第八十二条　电子商务平台经营者违反本法第三十五条规定，对平台内经营者在平台内的交易、交易价格或者与其他经营者的交易等进行不合理限制或者附加不合理条件，或者向平台内经营者收取不合理费用的，由市场监督管理部门责令限期改正，可以处五万元以上五十万元以下的罚款；情节严重的，处五十万元以上二百万元以下的罚款。

第八十三条　电子商务平台经营者违反本法第三十八条规定，对平台内经营者侵害消费者合法权益行为未采取必要措施，或者对平台内经营者未尽到资质资格审核义务，或者对消费者未尽到安全保障义务的，由市场监督管理部门责令限期改正，可以处五万元以上五十万元以下的罚款；情节严重的，责令停业整顿，并处五十万元以上二百万元以下的罚款。

第八十四条　电子商务平台经营者违反本法第四十二条、第四十五条规定，对平台内经营者实施侵犯知识产权行为未依法采取必要措施的，由有关知识产权行政部门责令限期改正；逾期不改正的，处五万元以上五十万元以下的罚款；情节严重的，处五十万元以上二百万元以下的罚款。

第八十五条 电子商务经营者违反本法规定，销售的商品或者提供的服务不符合保障人身、财产安全的要求，实施虚假或者引人误解的商业宣传等不正当竞争行为，滥用市场支配地位，或者实施侵犯知识产权、侵害消费者权益等行为的，依照有关法律的规定处罚。

第八十六条 电子商务经营者有本法规定的违法行为的，依照有关法律、行政法规的规定记入信用档案，并予以公示。

第八十七条 依法负有电子商务监督管理职责的部门的工作人员，玩忽职守、滥用职权、徇私舞弊，或者泄露、出售或者非法向他人提供在履行职责中所知悉的个人信息、隐私和商业秘密的，依法追究法律责任。

第八十八条 违反本法规定，构成违反治安管理行为的，依法给予治安管理处罚；构成犯罪的，依法追究刑事责任。

第七章 附则

第八十九条 本法自 2019 年 1 月 1 日起施行。

附录 2：

非银行支付机构条例（征求意见稿）

第一章 总 则

第一条（目的依据） 为加强对非银行支付机构的监督管理，规范非银行支付机构行为，防范支付风险，保障当事人合法权益，促进支付服务市场健康发展，依据《中华人民共和国中国人民银行法》《中华人民共和国电子商务法》，制定本条例。

第二条（业务类型） 本条例所称非银行支付机构，是指在中华人民共和国境内依法设立并取得支付业务许可证，从事下列部分或者全部支付业务的有限责任公司或者股份有限公司：

（一）储值账户运营；

（二）支付交易处理。

储值账户运营是指通过开立支付账户或者提供预付价值，根据收款人或者付款人提交的电子支付指令，转移货币资金的行为。法人机构发行且仅在其内部使用的预付价值除外。

支付交易处理是指在不开立支付账户或者不提供预付价值的情况下，根据收款人或者付款人提交的电子支付指令，转移货币资金的行为。

储值账户运营和支付交易处理两类业务的具体分类方式和

规则由中国人民银行另行规定。

本条例所称支付账户是指根据自然人（含个体工商户）真实意愿为其开立的，凭以发起支付指令、用于记录预付交易资金余额、反映交易明细的电子簿记。支付账户业务具体规则由中国人民银行另行规定。

第三条（经营原则） 非银行支付机构开展业务，应当遵守相关法律法规，遵循安全、高效、诚信和公平竞争的原则，不得损害国家利益、社会公共利益和他人合法权益。

第四条（监督管理） 中国人民银行及其分支机构依法履行对非银行支付机构的监督管理职责。

中国人民银行依法制定系统重要性非银行支付机构的认定标准和监管规则。

第五条（反洗钱反恐怖融资义务） 非银行支付机构应当遵守反洗钱和反恐怖融资有关规定，履行反洗钱和反恐怖融资义务。

第六条（适用范围） 非银行机构为中华人民共和国境内自然人、法人和其他组织或者为境内交易和跨境交易提供支付服务的，适用本条例。

第二章 设立、变更与终止

第七条（设立批准） 设立非银行支付机构，应当经中国人民银行批准。非银行支付机构的名称中应当标明"支付"字样。

未经中国人民银行批准，任何单位和个人不得从事或者变相从事支付业务。不从事支付业务的，任何单位不得在单位名称中使用"支付"字样。法律、行政法规另有规定的除外。

第八条（申请条件） 设立非银行支付机构，应当符合《中华人民共和国公司法》规定的有限责任公司或者股份有限公司设立要求，并具备下列条件：

（一）注册资本应当满足本条例第九条的规定；

（二）有符合本条例第十条至第十三条规定的非主要股东、主要股东、控股股东、实际控制人和最终受益人；

（三）拟任董事、监事和高级管理人员符合本条例第十四条规定的任职条件；

（四）在中华人民共和国境内有符合规定的营业场所、安全保障措施、技术能力和支付业务基础设施；

（五）有健全的公司治理架构、组织机构、内部控制制度、风险管理措施、退出预案以及用户合法权益保障措施；

（六）有完备的反洗钱和反恐怖融资措施；

（七）有明确的业务发展方向和可行的业务发展规划；

（八）中国人民银行规定的其他审慎性条件。

第九条（资本实力要求） 非银行支付机构注册资本最低限额为1亿元人民币。中国人民银行根据审慎监管原则分别确定从事储值账户运营业务和支付交易处理业务的非银行支付机构的注册资本最低限额，以及注册资本与业务规模的比例要求。注册资本应当是实缴资本。

非银行支付机构的股东应当以其自有资金出资，不得以委托资金、债务资金等非自有资金出资。

第十条（非主要股东条件） 企业、自然人为非银行支付机构的非主要股东的，应当符合以下条件：

（一）企业应当依法设立，股权结构清晰，治理结构完善；

（二）企业和自然人应当无犯罪记录，最近3年无其他重大

违法违规行为或者严重市场失信行为,没有因涉嫌重大违法违规正在被调查或者处于整改期间;

(三)企业应当具有充足的资本实力、较好发展前景的主营业务以及可持续发展能力。

本条例所称非主要股东是指持有非银行支付机构股权不足10%且对非银行支付机构经营无重大影响的股东。

第十一条(主要股东、控股股东和实际控制人条件) 非银行支付机构的主要股东、控股股东和实际控制人应当符合以下条件:

(一)主要股东和控股股东应当为治理结构良好,股权结构和组织架构清晰,股东、最终受益人结构透明的有限责任公司或者股份有限公司;

(二)主要股东、控股股东以及实际控制人为企业的,应当具有充足的资本实力、较好发展前景的主营业务、稳定的盈利来源以及可持续发展能力;实际控制人为自然人的,应当具有充足的资本实力;

(三)无犯罪记录,最近3年无其他重大违法违规行为或者严重市场失信行为,没有因涉嫌重大违法违规正在被调查或者处于整改期间;

(四)未发生过虚假投资、循环注资非银行支付机构、金融机构和其他从事金融业务机构的行为,或者在投资非银行支付机构、金融机构或者其他从事金融业务机构时,没有提供虚假承诺或者虚假材料的行为;

(五)中国人民银行规定的其他审慎性条件。

本条例所称主要股东,是指持有或者控制非银行支付机构股份总额10%以上股权或者表决权,或者持有股份总额不足

10%，但对非银行支付机构经营管理有重大影响的股东。

本条例所称控股股东是指其出资额占非银行支付机构资本总额50%以上或者其持有的股份占非银行支付机构股本总额50%以上的股东；出资额或者持有股份的比例虽然不足50%，但依其出资额或者持有的股份所享有的表决权已足以对股东会、股东大会产生重大影响的股东。

本条例所称实际控制人，是指通过投资关系、协议或者其他安排，能够实际支配非银行支付机构行为的人。

同一法人不得持有两个及以上非银行支付机构10%以上股权。

同一实际控制人不得控制两个及以上非银行支付机构。

第十二条（控股股东和实际控制人的禁止行为） 非银行支付机构的控股股东和实际控制人不得存在以下情形：

（一）通过特定目的载体或者委托他人持股等方式规避监管；

（二）关联方众多，股权关系复杂、不透明或者存在权属纠纷，恶意开展关联交易，恶意使用关联关系；

（三）采用滥用市场支配地位等方式开展不正当竞争；

（四）操纵市场、扰乱市场秩序；

（五）成为非银行支付机构的控股股东、实际控制人之日起，3年内转让所持有的非银行支付机构股份；

（六）其他可能对非银行支付机构经营管理产生重大不利影响的情形。

第十三条（最终受益人条件） 有下列情形之一的，不得作为非银行支付机构的最终受益人：

（一）被列入反洗钱和反恐怖融资监控名单；

（二）对非银行支付机构稳健运营具有较大影响。

本条例所称最终受益人是指实际享有非银行支付机构直接或者间接股权收益的人。

第十四条（高管人员任职资格） 非银行支付机构的董事、监事和高级管理人员应当符合以下条件，并取得中国人民银行核准的任职资格：

（一）熟悉与支付业务相关的法律法规；

（二）具有履行职责所需的从业经验和管理能力；

（三）无犯罪记录且最近3年无其他重大违法违规行为和严重市场失信行为；

（四）中国人民银行规定的其他审慎性条件。

有《中华人民共和国公司法》第一百四十六条规定的情形之一的，不得担任非银行支付机构的董事、监事和高级管理人员。

第十五条（筹建申请材料） 设立非银行支付机构，应当先申请筹建，并将下列筹建申请材料报送拟设立非银行支付机构住所地中国人民银行分支机构：

（一）书面申请，载明申请人拟设立非银行支付机构名称、住所、注册资本、拟申请支付业务类型等；

（二）公司章程草案；

（三）资本实力符合要求的证明材料；

（四）非主要股东、主要股东、控股股东、实际控制人和最终受益人的相关材料；

（五）拟设立非银行支付机构的组织机构设置、内部控制制度方案、风险管理措施方案及用户合法权益保障方案；

（六）反洗钱和反恐怖融资措施材料；

（七）支付业务发展规划、可行性研究报告；

（八）支付业务基础设施建设计划；

（九）筹建工作方案及主要工作人员名单、履历；

（十）中国人民银行基于保障用户合法权益、维护社会公共利益考虑，合理要求的与非银行支付机构有关的其他材料。

拟设立非银行支付机构住所地中国人民银行分支机构受理并初步审查筹建申请材料后，应当将筹建申请材料和审核意见，及时报送中国人民银行。

本条例所称申请人是指与支付业务许可申请具有利害关系、向中国人民银行提出申请的法人。

第十六条（筹建审批） 中国人民银行应当自受理申请人的筹建申请材料之日起6个月内作出批准或者不批准筹建的决定，并书面通知申请人。决定不予批准的，应当说明理由。

中国人民银行不能在前款规定期限内完成审查并作出批准或者不批准筹建决定的，可以适当延长审查期限，并书面通知申请人，但延长审查期限不得超过3个月。

第十七条（筹建时限） 申请人应当自获得批准筹建决定之日起6个月内完成筹建工作。在规定期限内未完成筹建工作的，应当说明理由，经拟设立非银行支付机构住所地中国人民银行分支机构批准，可以延长3个月。在延长期内仍未完成筹建工作的，中国人民银行作出的批准筹建决定自动失效。

第十八条（开业申请材料） 筹建工作完成后，由拟设立非银行支付机构住所地中国人民银行分支机构进行验收。经验收合格的，申请人应当将下列材料报送拟设立非银行支付机构住所地中国人民银行分支机构申请开业：

（一）开业申请表，载明拟设立非银行支付机构的名称、住所、注册资本、组织机构设置、拟开展支付业务类型等；

（二）支付业务规则及详细说明；

（三）符合规定的营业场所、支付业务基础设施验收材料及应急预案；

（四）反洗钱和反恐怖融资措施验收材料；

（五）支付业务设施的技术标准符合和安全证明材料；

（六）公司治理架构、内部控制、风险防范、合规机制和退出预案等材料；

（七）拟任董事、监事和高级管理人员的任职资格申请材料；

（八）筹备工作完成情况总结报告，包括原筹备申请材料变动情况说明和相关证明材料；

（九）中国人民银行基于保障用户合法权益、维护社会公共利益考虑，合理要求的与非银行支付机构有关的其他材料。

拟设立非银行支付机构住所地中国人民银行分支机构受理并初步审查申请人提交的开业申请材料后，应当将开业申请材料连同审核意见，及时报送中国人民银行。

第十九条（开业审批） 中国人民银行应当自受理申请人的开业申请材料之日起 2 个月内，作出批准或者不批准开业的决定，并书面通知申请人。决定批准的，应当颁发开业核准文件及支付业务许可证，并予以公告；决定不予批准的，应当说明理由。

第二十条（开业时限） 申请人应当在收到支付业务许可证之日起 1 个月内，向市场监督管理部门办理登记手续，领取营业执照。

非银行支付机构应当自领取营业执照之日起 6 个月内开业。

未能按期开业的，应当在开业期限届满前1个月向中国人民银行提交开业延期申请。开业延期不得超过一次，延长期限不得超过3个月。

非银行支付机构未在前款规定期限内开业的，开业核准文件失效，由中国人民银行办理开业许可注销手续，收回非银行支付机构支付业务许可证，并予以公告。

第二十一条（公告要求） 申请人应当在收到开业申请受理通知后按规定公告下列事项：

（一）申请人的注册资本及股权结构；

（二）主要股东的名单、持股比例及其财务状况；

（三）实际控制人名单及其财务状况；

（四）拟申请的支付业务类型；

（五）申请人的营业场所；

（六）支付业务设施的技术标准符合和安全证明材料。

第二十二条（住所地与经营管理场所要求） 非银行支付机构的经营管理场所应当与住所地保持一致。非银行支付机构拟在住所地以外的省、自治区、直辖市从事支付业务且涉及实体特约商户的，应当按中国人民银行的规定设立分公司。

非银行支付机构拟设立分公司的，应当在开展业务前向拟设立分公司住所地中国人民银行分支机构备案。

非银行支付机构拟在住所地设立分公司的，参照上述规定办理。

第二十三条（变更审批事项） 非银行支付机构变更以下事项的，应当按规定报中国人民银行或其分支机构批准，需要办理企业登记注册手续的，经批准后办理相关手续：

（一）变更公司名称、注册资本、业务范围、住所、章程或者组织形式；

（二）变更公司股权结构、实际控制人或者最终受益人；

（三）进行合并或者分立；

（四）变更董事、监事或者高级管理人员。

中国人民银行或其分支机构应当自受理变更申请之日起3个月内作出决定，并书面通知申请人。

第二十四条（终止业务） 非银行支付机构解散或者被依法宣告破产的，应当在完成支付业务许可证注销程序及支付业务退出工作后，依法办理公司注销登记。非银行支付机构退出工作由非银行支付机构住所地中国人民银行分支机构牵头负责，非银行支付机构住所地的地方人民政府应当配合做好相关处置工作，切实保障用户合法权益。

非银行支付机构清算具体事宜，依照中华人民共和国有关法律、行政法规和中国人民银行有关规定办理。

第三章 支付业务规则

第二十五条（业务专营） 非银行支付机构应当按照支付业务许可证载明的范围从事支付业务，不得从事支付业务许可证载明范围之外的业务，不得从事或者变相从事授信活动。

非银行支付机构不得直接或者变相转让、出租、出借支付业务许可证。

第二十六条（机构制度建设） 非银行支付机构应当按照审慎经营要求，建立健全合规管理制度、内部控制制度、业务管理制度、风险管理制度、突发事件应急预案及用户合法权益保障措施，并报住所地中国人民银行分支机构备案。

第二十七条（持续的身份识别机制管理） 非银行支付机

构应当遵循"了解你的客户"原则,按规定识别并核实用户身份,了解用户开户目的和交易背景,建立持续有效安全的身份识别机制。

非银行支付机构应当自主对客户和所拓展的特约商户采取持续有效的身份识别措施,确保特约商户是依法设立、从事合法经营活动的商户。

第二十八条(核心业务管理要求) 非银行支付机构应当自主完成所拓展的特约商户资质审核、服务协议签订、对商户进行持续风险监测等活动,不得将涉及资金安全、信息安全等的核心业务外包。

非银行支付机构应当向清算机构报送完整交易信息。

非银行支付机构将非核心业务外包的,应当作为支付业务主体承担管理责任和法律后果。

第二十九条(储值账户运营监管要求) 从事储值账户运营业务的非银行支付机构从用户处获取的储值资金应当及时等值转换为支付账户余额或者预付价值余额。

从事储值账户运营业务的非银行支付机构应当按照中国人民银行的规定,根据用户要求及时等值向用户赎回其持有的余额。

从事储值账户运营业务的非银行支付机构不得向用户支付与该用户持有支付账户余额或者预付价值余额期限有关的利息等收益。

从事储值账户运营业务的非银行支付机构不得通过代理机构为用户开立支付账户并提供服务,应当对开立的支付账户采取充分的安全保障措施。

第三十条(支付账户管理) 非银行支付机构应当建立健

全支付账户开立、使用、变更和注销等业务管理制度，按照"谁的客户谁负责"的管理原则，承担支付账户合法合规的主体责任，履行尽职调查义务，防止匿名、假名、冒名开立支付账户，并采取充足、有效的措施防止支付账户被用于出租、出借、出售、洗钱、赌博、诈骗和其他非法活动。

支付账户开户人应当以实名开立支付账户并由本人使用，对提供的开户信息真实性和交易行为后果负责。支付账户开户人不得匿名、假名、冒名开立支付账户，不得出租、出借、出售支付账户，不得为非法活动提供支付账户，并承担包括信用惩戒在内的账户违法违规责任。

第三十一条（支付交易处理业务监管要求） 从事支付交易处理业务的非银行支付机构应当根据清算机构、银行、从事储值账户运营业务的非银行支付机构认可的安全认证方式访问账户，不得留存账户敏感信息。银行与非银行支付机构合作开展业务应当遵守账户管理规定。

第三十二条（资料保存） 非银行支付机构应当按照法律、行政法规的规定，保存用户资料和交易记录，配合有关机关查询用户资料或者交易信息，配合有权机关冻结、扣划用户资金。

第三十三条（支付协议） 非银行支付机构应当与用户签订协议，明确非银行支付机构与用户的权利和义务、纠纷处理原则、违约责任、支付业务流程、电子支付指令传输路径、备付金孳息归属等事项。非银行支付机构应当对足以影响用户是否同意使用支付服务的相关协议内容尽到信息披露义务。

非银行支付机构应当根据公平原则拟定协议的格式条款，并公开披露。对于免除、限制自身责任或者排除用户权利的条款，应当尽到合理的提示和说明义务。

非银行支付机构拟变更协议内容的，应当充分征求用户意见，并提前30日在其网点、官方网站等的显著位置进行公告。非银行支付机构应当与用户以书面形式对拟变更的协议内容达成合意。

第三十四条（信息收集、使用与处理） 非银行支付机构收集、使用用户信息，应当遵循合法、正当、必要的原则，公开收集、使用用户信息的规则，明示收集、使用用户信息的目的、方式和范围，并经用户明示同意。

非银行支付机构不得收集与其提供的服务无关的用户信息，不得违反有关规定和双方的约定收集、使用用户信息，并应当按照有关规定和双方的约定，处理其保存的用户信息。

非银行支付机构应当对收集的用户信息严格保密，不得泄露、篡改、损毁用户信息，不得出售或者非法向其他组织或者个人提供用户信息，不得将用户授权或者同意其将用户信息用于营销、对外提供等作为与用户建立业务关系的先决条件，但业务关系的性质决定需要预先作出相关授权或者同意的除外。

非银行支付机构用户有权要求非银行支付机构删除其个人信息，法律、行政法规另有规定的除外。对于错误的信息，用户有权要求更正。

非银行支付机构与其关联公司在共享用户信息时，应当确保依法合规、风险可控，并经用户明示同意，防止用户信息被不当使用。

第三十五条（信息本地化要求） 非银行支付机构被认定为关键信息基础设施的，其在中国境内收集和产生的用户信息的储存、处理和分析应当在境内进行。非银行支付机构向境外提供境内用户信息的，应当符合法律、行政法规、部门规章以及中国人民银行的规定，并经用户明示同意。

第三十六条（业务收费） 非银行支付机构应当按照价格法律法规有关规定，合理确定并公开披露支付业务的收费项目和收费标准，进行明码标价，并报住所地中国人民银行分支机构备案。

非银行支付机构应当在营业场所及业务办理途径的醒目位置、关键节点，清晰、完整表明服务内容、收费项目、收费标准、限制条件及相关要求等，保障用户知情权和选择权。

第三十七条（备付金管理要求） 本条例所称备付金，是指非银行支付机构为办理用户委托的支付业务而收到的预收待付货币资金。

非银行支付机构接受的备付金不属于其自有财产，非银行支付机构不得以任何形式挪用、占用、借用备付金，不得擅自以备付金为自己和他人提供担保。

非银行支付机构应当根据用户发起的支付指令划转备付金，法律、行政法规以及中国人民银行另有规定的除外。

第三十八条（备付金规模控制） 非银行支付机构净资产与备付金日均余额的比例应当符合中国人民银行的规定。

第三十九条（备付金的存放与使用） 非银行支付机构应当将备付金存放在中国人民银行或者符合要求的商业银行。

任何单位或者个人不得对非银行支付机构存放备付金的账户申请冻结或者强制执行。

第四十条（清算规定） 非银行支付机构发起的非银行支付机构之间、商业银行之间或者非银行支付机构与商业银行之间的支付业务，应当通过具有相应合法资质的清算机构进行处理。

非银行支付机构不得直接或者变相开展清算业务。

第四十一条（电子支付指令）　非银行支付机构应当将必要的信息包含在电子支付指令中，确保电子支付指令的完整性、一致性、可追踪稽核和不可篡改。

电子支付指令的发起应当基于真实的交易背景，非银行支付机构不得虚构电子支付指令。

第四十二条（技术和安全标准）　非银行支付机构应当具备必要的、独立的系统、设施和技术，确保支付业务处理的及时性、准确性和支付业务的连续性、安全性、可溯源性。

非银行支付机构支付业务相关系统、设施和技术，应当符合国家标准、金融行业标准和相关网络与数据安全管理要求。

第四十三条（境内交易处理要求）　非银行支付机构应当在境内拥有安全、规范的支付业务处理系统及其备份系统。非银行支付机构为境内交易提供服务的，应当通过境内业务处理系统完成交易处理，并在境内完成资金结算。

第四十四条（跨境支付管理规定）　非银行支付机构为跨境交易提供服务的，应当遵守跨境支付、跨境人民币业务及外汇管理的有关规定。

第四章　监督与管理

第四十五条（主要股东和控股股东监管）　中国人民银行及其分支机构对非银行支付机构主要股东和控股股东进行审查，对其真实股权结构和实际控制人实施穿透式监管。

中国人民银行及其分支机构对非银行支付机构主要股东和控股股东的入股资金进行穿透式监管，严格审查入股资金来源、性质与流向。

第四十六条（检查范围） 中国人民银行及其分支机构依据法律、行政法规和中国人民银行的规定对非银行支付机构进行检查。

中国人民银行及其分支机构可以采取进行现场检查，调查取证，询问相关人员并要求作出说明，检查信息管理系统和账户交易信息，查阅、复制、检查与封存有关材料等行政强制措施。必要时，中国人民银行及其分支机构可以调取其他相关机构的数据进行核实。

中国人民银行可以聘请符合条件的会计师事务所等中介机构，对非银行支付机构进行专项审计或稽核。

非银行支付机构应当接受中国人民银行及其分支机构的检查，如实提供资料，不得拒绝、阻挠、逃避检查，不得谎报、隐匿、销毁相关材料。

第四十七条（分类评级） 中国人民银行按规定对非银行支付机构进行综合评价和分类评级，并根据分类评级结果采取差异化、针对性的监管措施。

第四十八条（创新业务备案） 非银行支付机构开展的业务创新涉及用户资金安全和信息安全的，应当进行充分的风险评估和合规性论证，及时、充分、全面地进行信息披露，向用户提示相关业务风险，并在业务开展前向中国人民银行或其分支机构备案。

第四十九条（重大事项管理） 非银行支付机构及其主要股东、实际控制人拟实施的境外投资等重大事项可能导致经营方针发生重大调整或者对公司经营发展、支付业务稳定性和连续性、用户合法权益产生重大影响的，应当在相关事项实施前向中国人民银行或其分支机构备案。

非银行支付机构的股东拟质押非银行支付机构股权的，应当在质押前向中国人民银行备案，质押的股权不得超过该股东所持有非银行支付机构股权总数的50%。

第五十条（风险事件预防与报告）　中国人民银行及其分支机构应当会同有关部门建立重大风险事件的监测、预警、防范和处置机制，制定重大风险事件应急预案。

非银行支付机构发生风险事件的，应当立即报告住所地中国人民银行分支机构。

第五十一条（风险事件监管措施）　非银行支付机构因发生风险事件影响其正常运营、损害用户合法权益的，中国人民银行可以区分情形，对非银行支付机构采取下列措施：

（一）风险提示；

（二）责令及时补充资本；

（三）限制重大资产交易；

（四）出售部分资产；

（五）责令调整董事、监事、高级管理人员或者限制其权利。

第五十二条（资料报送）　非银行支付机构应当按规定向中国人民银行及其分支机构报送支付信息，经审计的经营数据报表、财务会计报告，统计数据，以及中国人民银行要求报送的与公司治理、业务运营相关的其他资料。

第五十三条（保密要求）　中国人民银行及其分支机构对监督管理工作中知悉的国家秘密、商业秘密或者个人隐私，应当予以保密。

第五十四条（公平竞争要求）　非银行支付机构不得开展不正当竞争，妨害市场公平竞争秩序。

第五十五条（市场支配地位预警措施） 非银行支付机构有下列情形之一的，中国人民银行可以商国务院反垄断执法机构对其采取约谈等措施进行预警：

（一）一个非银行支付机构在非银行支付服务市场的市场份额达到三分之一；

（二）两个非银行支付机构在非银行支付服务市场的市场份额合计达到二分之一；

（三）三个非银行支付机构在非银行支付服务市场的市场份额合计达到五分之三。

第五十六条（市场支配地位情形认定） 有下列情形之一的，人民银行可以商请国务院反垄断执法机构审查非银行支付机构是否具有市场支配地位：

（一）一个非银行支付机构在全国电子支付市场的市场份额达到二分之一；

（二）两个非银行支付机构在全国电子支付市场的市场份额合计达到三分之二；

（三）三个非银行支付机构在全国电子支付市场的市场份额合计达到四分之三。

有前款第二项、第三项规定的情形，其中涉及的非银行支付机构市场份额不足十分之一的，不应当商请国务院反垄断执法机构审查该非银行支付机构是否具有市场支配地位。

第五十七条（市场支配地位监管措施） 非银行支付机构未遵循安全、高效、诚信和公平竞争原则，严重影响支付服务市场健康发展的，中国人民银行可以向国务院反垄断执法机构建议采取停止滥用市场支配地位行为、停止实施集中、按照支付业务类型拆分非银行支付机构等措施。

第五十八条（行业自律管理） 中国支付清算协会依法开展行业自律管理，接受中国人民银行的监督指导。

中国支付清算协会应当制定非银行支付机构行业自律规范，报中国人民银行备案后组织实施。

第五十九条（支付保障基金） 非银行支付机构应当缴纳支付保障基金，用于化解和处置非银行支付机构风险。

支付保障基金管理规定由中国人民银行会同有关部门另行制定。

第五章 法律责任

第六十条（审慎监管措施） 非银行支付机构有下列情形之一的，中国人民银行可以根据审慎监管原则暂停其部分或者全部支付业务直至吊销其支付业务许可证：

（一）累计亏损超过其注册资本的50%；

（二）自获许可之日起，未实质开展部分或者全部支付业务，或者已获许可的部分或者全部支付业务连续停止2年以上；

（三）连续2个年度分类评级结果为最低等级；

（四）存在对支付服务市场稳定运行具有较大不利影响的情形。

第六十一条（非银行支付机构违规责任） 非银行支付机构违反本条例规定，有下列情形之一的，中国人民银行及其分支机构责令其限期改正，区别不同情形给予警告，没收违法所得，违法所得10万元以上的，处违法所得1倍以上5倍以下罚款；没有违法所得或者违法所得不足10万元的，处10万元以上50万元以下罚款；逾期不改正的，可以按罚款金额10%至20%的比例，按日累加处罚；情节严重的，中国人民银行及其分支机构可以责令其停止开展新业务、暂停其部分或者全部支付业务或者责令其调整董事、监事、高级管理人员：

（一）未按本条例规定在名称中使用"支付"字样的；

（二）未按本条例规定建立并落实有关合规管理制度、内控管理制度、业务管理制度、风险管理制度、突发事件应急预案或者用户合法权益保障措施的；

（三）未按本条例规定办理相关备案手续的；

（四）未按本条例规定报送、保管相关信息、资料或者未及时、准确报送相关信息、资料的；

（五）未按本条例规定公开披露相关事项的；

（六）未按本条例规定办理变更实际控制人之外事项的；

（七）未按本条例规定设立分公司的；

（八）相关系统设施和技术不符合管理规定的；

（九）未按本条例规定履行创新业务备案、重大事项备案、风险事件报告要求的；

（十）中国人民银行基于审慎监管、保障用户合法权益原则规定的其他违法违规行为。

第六十二条（非银行支付机构违规责任） 非银行支付机构违反本条例规定，有下列情形之一的，中国人民银行及其分支机构责令其限期改正，区别不同情形给予警告，暂停其办理部分或者全部支付业务，没收违法所得，违法所得50万元以上的，处违法所得1倍以上5倍以下罚款；没有违法所得或者违法所得不足50万元的，处50万元以上200万元以下罚款；情节严重或者逾期不改正的，由中国人民银行责令其暂停全部支付业务或者限制其业务类型、业务范围直至吊销其支付业务许可证；构成犯罪的，依法追究刑事责任：

（一）转让、出租、出借支付业务许可证的；

（二）超出核准业务范围开展支付业务或者将核心业务外包的；

（三）未按本条例规定对客户及特约商户采取持续有效的身份识别措施，未能自主完成特约商户资质审核、服务协议签订、对商户进行持续风险监测等活动的；

（四）未按本条例规定存放、使用、管理备付金的；

（五）未按本条例规定办理实际控制人变更事项、故意隐瞒实际控制人或者变相转让非银行支付机构股权的；

（六）擅自变更许可条件涉及的事项且对机构经营产生重大影响的；

（七）无正当理由中断支付业务的；

（八）未按本条例规定收集、使用与保存用户信息的；

（九）拒绝、阻扰、逃避检查和调查，谎报、隐匿、销毁相关材料的；

（十）开展或者变相开展清算业务的；

（十一）从事或者变相从事授信活动的；

（十二）未按本条例规定处理电子支付指令的；

（十三）未按本条例规定开展跨境支付业务的；

（十四）未按本条例规定履行业务终止程序的；

（十五）未按本条例规定办理支付账户业务或者违规为用户计息、开立支付账户的；

（十六）从事支付交易处理业务的非银行支付机构违规留存账户敏感信息的；

（十七）违反本条例规定开展不正当竞争，妨害市场公平竞争秩序的；

（十八）中国人民银行基于审慎监管、保障用户合法权益原则规定的其他违法违规行为。

第六十三条（控股股东、实际控制人违规责任） 非银行支付机构的控股股东、实际控制人违反本条例规定，有下列情形之一的，中国人民银行及其分支机构责令其限期改正，没收违法所得，违法所得10万元以上的，处违法所得1倍以上5倍以下罚款；没有违法所得或者违法所得不足10万元的，处10万元以上50万元以下罚款；构成犯罪的，依法追究刑事责任：

（一）规避监管、操纵市场、扰乱市场秩序的；

（二）恶意开展关联交易或者恶意使用关联关系的；

（三）自成为非银行支付机构的控股股东、实际控制人之日起3年内转让所持有的非银行支付机构股份的；

（四）中国人民银行基于审慎监管、保障用户合法权益原则规定的其他违法违规行为。

第六十四条（反垄断规定） 非银行支付机构实施垄断行为的，由国务院反垄断执法机构会同中国人民银行依据有关法律法规进行处罚。

第六十五条（价格规定） 非银行支付机构相关收费行为违反价格法律法规规定的，由国务院价格主管部门会同人民银行依据有关法律法规进行处罚。

第六十六条（反洗钱规定） 非银行支付机构未按规定履行反洗钱和反恐怖融资义务的，由中国人民银行及其分支机构依据国家反洗钱相关法律、行政法规、规章等进行处罚；情节严重的，由中国人民银行吊销其支付业务许可证；构成犯罪的，依法追究刑事责任。

第六十七条（违反支付账户规定责任） 非银行支付机构

未按规定建立健全支付账户管理制度，未履行尽职调查义务，为非法活动提供便利的，中国人民银行及其分支机构责令其限期改正，没收违法所得，违法所得10万元以上的，处违法所得1倍以上5倍以下罚款；没有违法所得或者违法所得不足10万元的，处10万元以上50万元以下罚款；构成犯罪的，依法追究刑事责任。

非银行支付机构开立的被用于出租、出借、出售和其他非法活动的支付账户超过一定数量、影响支付服务市场秩序的，中国人民银行可以责令其停止开展新业务、暂停其部分或者全部支付业务6个月；情节严重或者对支付服务市场稳定运行产生重大影响的，中国人民银行可以责令其暂停部分或者全部支付业务直至吊销其支付业务许可证。

支付账户开户人匿名、假名、冒名开立支付账户，或者出租、出借、出售支付账户的，中国人民银行及其分支机构应当将相关行政处罚信息移送金融信用信息基础数据库；情节严重的，非银行支付机构5年内不得为该支付账户开户人开立支付账户或者办理支付账户业务。

第六十八条（骗取许可法律责任） 以欺骗、虚假注资、循环注资或者利用委托资金、债务资金等非自有资金出资等不正当手段申请设立非银行支付机构但未获批准的，申请人及其实际控制人3年内不得再次申请或者参与申请设立非银行支付机构。

以欺骗、虚假注资、循环注资或者利用委托资金、债务资金等非自有资金出资等不正当手段申请设立非银行支付机构且已获批准的，由中国人民银行及其分支机构责令其终止支付业务，吊销其支付业务许可证；构成犯罪的，依法追究刑事责任；

申请人及其主要股东、控股股东和实际控制人3年内不得再次申请或者参与申请支付业务许可证。

第六十九条（无证机构处理） 任何机构和个人未经批准擅自从事或者变相从事支付业务的，参照《防范和处置非法集资条例》有关规定予以处理。

非银行支付机构为擅自从事或者变相从事支付业务的机构和个人提供支付业务渠道的，由中国人民银行及其分支机构责令其限期整改，没收违法所得，违法所得50万元以上的，并处违法所得1倍以上5倍以下罚款；没有违法所得或者违法所得不足50万元的，处50万元以上200万元以下罚款；逾期不改正的，可以责令其停业整顿或者限制其业务类型、业务范围直至吊销其支付业务许可证；构成犯罪的，依法追究刑事责任。

第七十条（高管人员违规责任） 依照本条例规定对非银行支付机构进行处罚的，根据具体情形，可以同时对负有直接责任的董事、监事、高级管理人员和其他人员给予警告，并处5万元以上50万元以下罚款。

非银行支付机构违反本条例规定，情节严重的，对负有直接责任的董事、监事和高级管理人员，中国人民银行可以禁止其在一定期限内担任或者终身禁止其担任非银行支付机构的董事、监事或高级管理人员。

第七十一条（人民银行违规责任） 中国人民银行及其分支机构的工作人员有下列情形之一的，依法给予行政处分；构成犯罪的，依法追究刑事责任：

（一）违反规定审查批准非银行支付机构的设立申请、变更、终止等事项的；

（二）泄露知悉的国家秘密、商业秘密或者个人隐私的；

(三)滥用职权、玩忽职守的其他行为。

第六章 附 则

第七十二条（支付信息服务机构备案要求） 设立支付信息服务机构，应当自市场监督管理部门登记之日起 30 日内向中国支付清算协会办理备案，备案具体要求由中国支付清算协会另行规定。

本条例所称支付信息服务机构，是指为用户提供其所持有的一个或者多个银行账户或者支付账户的信息查询服务或者电子支付指令信息转接服务的机构。

第七十三条（支付信息服务机构监管要求） 中国支付清算协会应当依法履行对支付信息服务机构的监督管理职责，建立健全支付信息服务机构动态评级管理机制、行业风险信息共享机制、从业人员信息登记和诚信档案管理机制、市场退出机制。

支付信息服务机构公司治理、用户身份识别与管理、账户访问与存储方式、资料保存、协议签署、信息收集、使用与处理、电子支付指令转接、技术和安全标准、创新业务、重大事项管理、公平竞争等方面的监督管理要求，参照本条例关于非银行支付机构的相关规定执行。

第七十四条（过渡期安排） 本条例施行前已获得支付业务许可证的非银行支付机构，应当在本条例施行之日起 1 年内达到本条例规定的条件。逾期仍不符合本条例规定条件的，由中国人民银行根据审慎监管原则暂停其业务；拒不停止业务或者有其他情节严重情形的，由中国人民银行吊销其支付业务许可证。

第七十五条（施行日期） 本条例自　年　月　日起施行。

附录3：
韩国电子商务基本法[1]

第一章 一般规定

第一条 目标

本法旨在通过澄清以电子信息（electronic message）方式进行交易的法律效力以保证交易的安全和可靠，确保公平交易，并进一步通过确立健全有序的交易模式，促进电子商业的发展，以有利于国民经济。

第二条 定义

本法中使用的术语定义如下：

1. "电子信息"指以使用包括计算机在内的电子数据处理设备（以下称为"信息系统"）的电子或类似手段生成、发送、接收或储存的信息；

2. 一项电子信息的"发端人（originator）"指被认为由其或代表其生成或发送该电子信息的人；

3. 一项电子信息的"收件人（addressee）"指发端人意欲由其接收该电子信息的人；

---

[1] 本版本是2012年2月17日颁布的版本。

4. "电子商业"指货物或服务交易的全部或部分系通过使用电子信息进行的交易；

5. "数字签名"指以数字形式加盖的印鉴，其目的是确定一项电子信息的发端人，并表明该电子信息是由该发端人生成；

6. "网上商店"指使用信息技术设施以及信息系统提供货物或服务的虚拟交易场所；

7. "认证机构"指按照请求确定一个数字签名的使用者，同时从事其他有关业务的人；

8. "被授权的认证机构"指根据第十六条取得授权的认证机构。

第三条 范围

本法适用于所有使用电子信息的贸易和交易。

第四条 经由电子交换协议的改动

第九条到第十二条的规定可以由发端人和收件人通过协议作出改动，除非其他法律和法令另有规定。

第二章 电子信息

第五条 电子信息的效力

除非其他法律有特别规定，一项电子信息不得仅因为其以电子形式存在而被否认具有如同其他基于书面的信息的效力。

第六条 数字签名的效力

1. 一份经根据第十六条被授权的认证机构认证的数字签名，应被视同有关法律所规定的有效的签名或印鉴，除非另有规定。

2. 一项电子信息，如根据第（1）款加盖了印鉴，应被推定为在发端人加盖印鉴之后其内容不曾发生改变。

第七条 电子信息作为证据的可接受性

一项电子信息,不得仅因为其以电子形式存在而在诉讼或其他法律程序中被认为是不可接受的证据。

第八条 电子信息的留存

1. 如一项电子信息符合下列条件,则对该电子信息的留存视为满足有关法律规定某些文件或记录须予留存的要求:

(1) 其中所含信息可以调取;

(2) 按其生成、发送或接收时的格式留存了该电子信息,或以可证明能使所生成、发送或接收的信息准确重现的格式留存了该电子信息;及

(3) 如果有的话,留存了可据以查明该电子信息的来源和目的地以及该信息被发送或接收的日期和时间的任何信息。

2. 某种信息,如只是为电子信息的发送或接收之用,不得被认为是第1款规定下的电子信息。

第九条 发出和收到电子信息的时间和地点

1. 一项电子信息的发出时间以其进入一个处于发端人或代表发端人发送该电子信息的人控制之外的信息系统的时间为准;

2. 收到一项电子信息的时间为:

(1) 如收件人已经为接收电子信息之目的指定了一个信息系统,该电子信息进入指定的信息系统之时;如该电子信息被发往收件人的一个信息系统,但并非其指定的信息系统,则为收件人检索到该电子信息之时;或

(2) 如收件人没有指定信息系统,为电子信息进入收件人的任一信息系统之时。

3. 电子信息的发送地或接收地视为发端人或收件人设有营业地的地点,但如发端人或收件人有一个以上的营业地,则为

与基础交易有最密切关系的营业地,或如果没有基础交易,则为其主营业地;如果发端人或收件人没有营业地,则应考虑其惯常居住地。

第十条 发端人被认为已经发送电子信息的情形

如果一项电子信息是由被授权代表发端人行事的人,或由发端人设计程序或由他人代表发端人设计程序的自动运作的信息系统或其他电子手段所发送,视为由发端人发送;但必须不存在下列情形:

1. 收件人已经于收到电子信息的同时或之后的合理时间内收到发端人的通知,获悉该电子信息的发送是违背发端人的意志的;

2. 收件人使用了双方约定的确认程序,或知道,或在进行合理注意的情况下本应知道该电子信息的发送是违背发端人的意志的。

第十一条 所收到的电子信息的单独性

每一份收到的电子信息都应被视为是单独的,但如收件人使用了双方约定的确认程序,或知道,或在进行合理注意的情况下本应知道该电子信息是重复发送的,本单独性原则不适用。

第十二条 确认收讫

1. 如发端人已经要求对一份发送的电子信息确认收讫,却没有指定通知方式,则收件人应以足以向发端人表明该电子信息已经收到的方式通知收讫。

2. 如发端人发送电子信息时声明该信息以收到确认收讫为条件,则该电子信息视为从未发送,直到发端人收到此项确认。

3. 如发端人要求对电子信息确认收讫,但并未声明该信息以收到确认收讫为条件，发端人可撤回电子信息的发送；除非其在合理的时间内，或在发端人规定的时间内，或在发端人和收件人约定的时间内收到确认。

第三章　电子商务的安全

第十三条　个人信息及其他

1. 下列人员（以下称为"电子交易者"）应向其在从事电子商业或相关服务中收集的个人信息（如有的话）的所有者说明其目的：

（1）电子交易合作各方；

（2）认证机构；或

（3）与信息技术设施或信息系统的使用有关的服务供应商

2. 电子交易者在未经此种信息的所有者事先书面同意的情况下，不得超越其收集此种信息的目的使用或向任何第三方提供其通过电子商业收集到的个人信息，除非任何其他法律另有特别规定；但电子交易者招募人员发送货物或提供服务并为发送货物或提供服务之目的向此种人员提供必要的信息的情况除外。

3. 电子交易者应采取必要的安全措施以防止其所处理、发送或储存的信息被不适当地调取、使用或泄露。

4. 如此种个人信息所有者提出调取有关信息的要求，电子交易者应毫不迟延地接受，并在此种人员提供有效证据并要求修改或删除错误数据的情况下，及时采取必要的措施。

第十四条　信息系统的安全

1. 电子交易者应采取保护性措施以确保用于电子商业的信息系统的安全。

2. 如电子交易者委托其他人操作信息系统,应委托能保证最佳安全水平的人员。在此种情况下,如由于此种受托人的疏忽而发生故障,电子交易者应将此种故障通知其相对方,并及时修复此种故障。

第十五条　网上商店经营者

1. 网上商店经营者应配备经营和管理网上商店所必须的设施。

2. 网上商店应以使用户易于识别的方式标明经营者的商号,包括其地址、电话号码以及如其为法人、法人代表的名字等。

第十六条　被授权的认证机构

1. 政府可以根据数字签名法第四条指定一个被授权的认证机构以确保电子商务的安全和可靠,并促进电子商务交易的健康发展。

2. 被授权的认证机构应签发一份证书以证明一项电子信息的发端人的身份以及其他与交易有关的重要属性。

第十七条　认证机构的管理

政府应对认证机构的经营采取必要的政策以保护电子商业的参加者并促进此种交易的发展。

第十八条　密码的使用

1. 电子交易者可以使用密码以保证电子商业的安全和可靠。

2. 政府可以在其认为为国家安全所必须等情况下限制加密技术的使用,并可采取必要的措施以获得加密信息的原件或加密技术。

第四章　促进电子商业的发展

第十九条　制定促进电子商业发展的政策

政府应采取以鼓励私营行业的首创性，使政府干预最小化，增加电子商业的可靠性，加强在电子商业领域的国际合作等原则为基础的必要政策措施。

第二十条　电子商业促进方案的制定和实施

1. 政府应制定并实施一项行动方案（以下称为"促进方案"）以促进电子商业的发展，其内容包括如下方面：

（1）促进电子商业的政策框架；

（2）有关电子商业的国际准则和规则的事项；

（3）有关电子支付系统的事项；

（4）保护知识产权的措施；

（5）保护电子交易者的措施；包括但不限于消费者保护、隐私及争议解决等；

（6）确保电子商业的安全和可靠的措施，包括但不限于数字签名、认证、加密技术等；

（7）有关电子商业信息技术的发展和标准化的事项；

（8）进一步形成有利于电子商业的环境以及刺激对电子商业的需求的事项；

（9）有关电子商业国际合作的事项；

（10）支持为促进电子商业的发展所必需的基础设施建设的措施；

（11）建立高速电信网络及使其使用更为便利的措施；及

（12）其他为促进电子商业的发展所必需的事项。

2. 有关政府各部的首长应在其权限内的各个领域制定行动

方案,并在政策的制定和实施中考虑此种方案。

3. 在工业能源部部长制定促进方案之时,该方案应结合有关政府各部的行动方案,并根据本法第二十一条提交电子商业政策委员会讨论;根据《关于促进信息化的法律纲要》第八条促进方案应在信息化委员会上制定。

第二十一条 电子商业政策委员会

1. 应成立电子商业政策委员会(以下称为"政策委员会")以讨论促进电子商业的事项。

2. 政策委员会应就下列事项进行讨论:

(1) 有关促进方案的事项;

(2) 有关促进方案的实施评价的事项;

(3) 有关促进电子商业的政策或有关政府各部方案协调的事项;

(4) 由政策委员会主席作为促进电子商业的主要政策问题提交讨论的其他事项。

3. 与政策委员会的组成和运作有关的其他必要事项由总统令加以规定。

第二十二条 韩国电子商业研究所

1. 成立韩国电子商业研究所(以下称为"KIEC")以有效和系统地实施促进电子商业的项目和事务。

2. KIEC 应为一个法人,并于其在其主事务所所在地登记之后成立。

3. KIEC 应进行下列与电子商业有关的活动:

(1) 国内和世界范围内的研究、出版、公共关系和促进事务;

(2) 进行制度研究及优化促进环境的其他事务;

（3）研究和开发信息标准及其分配；

（4）信息技术开发的支持项目；

（5）参加关于标准化、人力资源的国际交流及国际合作的国际会议；

（6）根据第二十三条第（2）款处理韩国 EDI 委员会分配的任务；及

（7）由有关政府各部委托的其他事务。

4. 电子交易者可以向 KIEC 提供捐助以补偿 KIEC 在其活动中支出的费用。

5. KIEC 根据总统令的规定可以向 KIEC 开发的信息标准的用户收取费用。

6.《民法典》中关于基金会规定作相应调整后可适用于 KIEC，除非本法另有规定。

第二十三条　电子商业的标准化

1. 为了促进电子商业的发展并保证有关信息技术的可交换性，政府应根据有关法律采取下列措施：

（1）建立、修改、撤消和分配与电子信息有关的标准；

（2）研究和开发与电子商业有关的国内和国外标准；及

（3）为电子商业的标准化所必需的其他事项。

2. 应根据总统令成立韩国 EDI 委员会以研究和讨论第（1）款第 1 项中规定的电子信息的标准化问题。

3. 政府在必要的情况下，可以由有关的研究机构和非政府组织代表它有效地实施第（1）款中各项所规定的措施。在此种情况下，它可以根据总统令的规定对这些机构或组织因此而支出的费用予以补偿。

第二十四条　信息技术的开发

政府应根据有关的法律和法令采取下列措施以开发为促进电子商业的发展和强化技术标准所必需的信息技术：

1. 研究与电子商业有关的技术标准，研究和开发信息技术及对所开发的技术进行实际应用；

2. 与电子商业有关的技术合作和技术转让；

3. 方便地分配与电子商业有关的技术信息；及

4. 有关电子商业信息技术开发的其他必要措施。

第二十五条　电子商业的国际合作

政府可以支持诸如有关技术和人力资源的国际交流、国际标准化及研究和开发方面的国际合作活动，以促进与电子商业有关的国际合作。

第二十六条　电子商业服务中心

1. 工业能源部部长可以指定一个机构作为电子商业服务中心（以下称为"EC 服务中心"），以提供支持服务，包括教育和培训、技术指导和信息提供以促进电子商业。

2. 政府可以在预算限额内对 EC 服务中心为有关电子商业的活动支出的全部或部分费用提供补贴。

3. 与 EC 服务中心的指定、撤回此种指定的标准、费用的补贴等有关的任何必要事项应在总统令中规定。

第二十七条　对与电子商业有关的法律实体或组织的补贴

1. 政府可以对为促进电子商业而成立的法律实体或组织在实施根据促进方案为促进电子商业所必需的基础设施建设项目中支出的费用，在预算内给予部分的补贴。

2. 国家或当地自治机构可以根据《税收例外限制法》《地方税法》及其他与税收有关的法律提供税收优惠，如税收豁免，以促进电子商业。

第二十八条　与电子商业有关的争议解决

政府应采取为争议解决机构的建立和运作，及在电子商业中产生的争议的解决所必需的政策措施以对因不适当的电子交易而遭受的损害提供救济，并建立最佳的电子商业惯例。

第五章　消费者保护

第二十九条　保护消费者的责任

政府应根据有关的法律和法令，包括《消费者保护法》，采取必要的政策措施以保护消费者与电子商业有关的基本权利和利益。

第三十条　向消费者提供信息

1. 政府应将与消费者利益有关的电子商业的主要政策和决定等事项告知消费者和用户。

2. 电子交易者、网上商店经营者等应接受消费者保护组织提出的获得必要信息的要求，并予以合作，以对消费者提供保护。

第三十一条　消费者损失的救济

1. 政府应采取一切必要的措施以公平及时地处理消费者在电子商务中产生的投诉和损害。

2. 根据《消费者保护法》第十二条第（2）款制定的《消费者损害赔偿标准》适用于本法规定的电子商业。

第三十二条　成立损害赔偿机构

电子交易者和网上商店经营者等应成立并维持适当的机构以接受消费者合理的批评意见或投诉，并对由于电子商业而遭受的损害提供赔偿；但如根据《消费者保护法》第十七条第

(1)款已经成立了损害赔偿机构,则本条规定不适用。

第六章 其他

第三十三条 权限的委托

根据总统令,工业能源部部长的权限可以部分地委托给有关机构或地方自治机构的首长,或委托给有关政府部门的首长。

第三十四条 互惠

外国公民和外国法律实体受本法或大韩民国参加或缔结的条约的保护;但根据本法或大韩民国参加或缔结的条约对外国公民或外国法律实体提供的保护在其所属国未向大韩民国的公民或法律实体提供类似保护的情况下,可受到相应的限制。

附 则

第一条 生效日期

本法自 1999 年 7 月 1 日生效。

第二条 有关韩国 EDI/EC 委员会的临时措施

1. 根据《民法典》第三十二条成立的韩国 EDI/EC 委员会(以下称为"KEB")可以由其董事会做出决定,请求工业能源部部长批准 KEB 的全部权利、利益和义务作为整体于本法生效之日起由根据本法第二十二条第(1)款成立的 KIEC 继受。

2. KEB,如根据第(1)款取得批准,应视为于 KIEC 根据本法成立之时解散,而不考虑《民法典》中有关法人的解散和清算的规定;属于 KEB 的所有权利、利益和义务均视为由根据本法成立的 KIEC 所继受。

第三条 关于电子信息标准化的临时措施

到本法生效日时由韩国工业信息 EDI 委员会根据《有关工

业技术基础设施建设的法案》第七条第（6）款讨论并制定的电子信息标准应视为已经由韩国 EDI 委员会根据本法第二十三条第（2）款予以讨论和制定。

第四条 关于 EC 服务中心的指定的临时措施

根据《有关工业技术基础设施建设的法案》第 7-2 条被指定作为一个电子服务中心的机构应视为已根据本法第二十六条第（1）款被指定为 EC 服务中心。

第五条 对其他法的修改

《有关工业技术基础设施建设的法案》的规定应作如下修正：第二条第 5 项，第七条第（6）款和第 7-2 条予以删除。

附录4：
2017年支付体系运行总体情况[1]

2017年支付业务统计数据显示，全国支付体系运行平稳，社会资金交易规模不断扩大，支付业务量保持稳步增长。

一、非现金支付工具

2017年，全国共办理非现金支付业务[2]1608.78亿笔，金额3759.94万亿元，同比分别增长28.59%和1.97%。

（一）票据

票据业务量持续下降。2017年，全国共发生票据业务2.56亿笔，金额172.37万亿元，同比分别下降12.79%和8.21%。其中，支票业务2.37亿笔，金额153.81万亿元，同比分别下降13.09%和7.23%；实际结算商业汇票业务1 648.39万笔，金额16.77万亿元，同比分别下降0.49%和11.48%；银行汇票业务52.73万笔，金额3644.82亿元，同比分别下降65.54%和

---

〔1〕 自2015年起，支付体系运行总体情况按照《支付业务统计指标》金融行业标准披露支付业务数据。

〔2〕 非现金支付业务包含票据、银行卡及其他结算业务。其中，其他结算业务包含贷记转账、直接借记、托收承付及国内信用证业务。

61.65%；银行本票业务164.70万笔，金额1.42万亿元，同比分别下降29.77%和31.92%。

电子商业汇票系统业务量快速增长。2017年，电子商业汇票系统出票655.42万笔，金额12.68万亿元，同比分别增长184.38%和52.02%；承兑678.00万笔，金额13.02万亿元，同比分别增长185.17%和51.75%；贴现179.23万笔，金额6.95万亿元，同比分别增长113.96%和20.50%；转贴现503.48万笔，金额44.48万亿元，笔数同比增长62.71%，金额同比下降2.89%。质押式回购44.00万笔，金额6.92万亿元，同比分别增长181.20%和104.90%。[1]

（二）银行卡

发卡量保持稳步增长。截至2017年年末，全国银行卡在用发卡数量66.93亿张，同比增长9.27%。其中，借记卡在用发卡数量61.05亿张，同比增长7.87%；信用卡和借贷合一卡在用发卡数量共计5.88亿张，同比增长26.35%。借记卡在用发卡数量占银行卡在用发卡数量的91.22%，较上年末有所下降。全国人均持有银行卡4.84张，[2]同比增长8.35%。其中，人均持有信用卡0.39张，同比增长25.82%。

受理市场环境不断完善。截至2017年年末，银行卡跨行支付系统联网商户2 592.60万户，联网POS机具3118.86万台，ATM 96.06万台，较上年末分别增加525.40万户、665.36万台和3.64万台。全国每万人对应的POS机具数量225.56台，同

---

[1] 自2017年第三季度起，转贴现和质押式回购分开统计，并按照可比口径计算同比数据。

[2] 指标涉及人均值时，人数使用国家统计局公布的2016年年末全国大陆总人口138 271万人，下同。

比增长 26.04%,每万人对应的 ATM 数量 6.95 台,同比增长 3.06%。

银行卡交易量继续增。2017 年,全国共发生银行卡交易[1] 1494.31 亿笔,金额 761.65 万亿元,同比分别增长 29.41% 和 2.67%,日均 4.09 亿笔,金额 2.09 万亿元。其中,银行卡存现 96.41 亿笔,金额 67.92 万亿元,同比分别下降 7.95% 和 11.99%;取现 173.17 亿笔,金额 65.07 万亿元,同比分别下降 3.78% 和 0.65%;转账业务 638.46 亿笔,金额 559.99 万亿元,同比分别增长 31.17% 和 3.20%;消费业务 586.27 亿笔,金额 68.67 万亿元,同比分别增长 52.96% 和 21.54%。全年银行卡渗透率达到 48.71%,比上年上升 0.24 个百分点。银行卡卡均消费金额为 1.03 万元,同比上升 11.22%;银行卡笔均消费金额为 1171.24 元,同比下降 20.54%。

银行卡信贷规模继续增长。截至 2017 年年末,银行卡授信总额[2]为 12.48 万亿元,同比增长 36.58%;银行卡应偿信贷余额为 5.56 万亿元,同比增长 36.83%。银行卡卡均授信额度 2.12 万元,授信使用率[3] 44.54%。信用卡逾期半年未偿信贷总额 663.11 亿元,占信用卡应偿信贷余额的 1.26%,占比较上年年末下降 0.14 个百分点。

(三)贷记转账等其他结算业务

贷记转账等其他结算业务量保持增长。2017 年,全国共发生贷记转账、直接借记、托收承付、国内信用证等其他业务 111.91 亿笔,金额 2825.92 万亿元,同比分别增长 19.77% 和

---

[1] 银行卡交易量为银行卡本外币交易量之和。
[2] 银行卡授信总额为信用卡和借贷合一卡的授信总额之和。
[3] 授信使用率为银行卡应偿信贷余额与银行卡授信总额之比。

2.48%。其中，贷记转账业务96.67亿笔，金额2780.67万亿元。

（四）电子支付

移动支付业务量保持较快增长。2017年，银行业金融机构共处理电子支付[1]业务1525.80亿笔，金额2419.20万亿元。其中，网上支付业务485.78亿笔，金额2075.09万亿元，笔数同比增长5.20%，金额同比下降0.47%；移动支付业务375.52亿笔，金额202.93万亿元，同比分别增长46.06%和28.80%；电话支付业务1.60亿笔，金额8.78万亿元，同比分别下降42.58%和48.56%。

2017年，非银行支付机构发生网络支付业务[2]2867.47亿笔，金额143.26万亿元，同比分别增长74.95%和44.32%。

二、支付系统

2017年，支付系统[3]共处理支付业务773.34亿笔，金额5414.25万亿元，同比分别增长30.44%和5.86%。

---

[1] 电子支付是指客户通过网上银行、电话银行、手机银行、ATM、POS和其他电子渠道，从结算类账户发起的账务变动类业务笔数和金额。包括网上支付、电话支付、移动支付、ATM业务、POS业务和其他电子支付六种业务类型。

[2] 非银行支付机构处理网络支付业务量不包含红包类等娱乐性产品的业务量。

[3] 包含大额实时支付系统、小额批量支付系统、网上支付跨行清算系统、同城清算系统、境内外币支付系统、全国支票影像交换系统、银行业金融机构行内支付系统、银行卡跨行支付系统、城市商业银行汇票处理系统和支付清算系统、农信银支付清算系统、人民币跨境支付系统。

（一）人民银行支付系统

2017年，人民银行支付系统[1]共处理支付业务122.89亿笔，金额3964.57万亿元，同比分别增长53.44%和3.75%，分别占支付系统业务笔数和金额的15.89%和73.22%。日均处理业务3528.45万笔，金额15.68万亿元。[2]

大额实时支付系统业务量持续平稳增长。2017年，大额实时支付系统处理业务9.32亿笔，金额3731.86万亿元，同比分别增长12.89%和3.20%。日均处理业务371.35万笔，金额14.87万亿元。

小额批量支付系统业务量保持增长。2017年，小额批量支付系统处理业务25.28亿笔，金额33.14万亿元，同比分别增长7.63%和7.22%。日均处理业务692.48万笔，金额908.07亿元。

网上支付跨行清算系统业务量增长较快。2017年，网上支付跨行清算系统共处理业务84.64亿笔，金额61.72万亿元，同比分别增长90.07%和64.76%。日均处理业务2318.98万笔，金额1690.96亿元。

同城清算系统业务金额小幅增长。2017年，同城清算系统[3]共处理业务3.59亿笔，金额130.85万亿元，笔数同比下降3.61%，金额同比增长0.03%。日均处理业务143.04万笔，金额5213.15亿元。

---

[1] 包含大额实时支付系统、小额批量支付系统、网上支付跨行清算系统、同城清算系统、境内外币支付系统、全国支票影像交换系统。

[2] 2017年大额实时支付系统实际运行251个工作日，小额批量支付系统实际运行365个工作日，网上支付跨行清算系统实际运行365个工作日，同城清算系统实际运行251个工作日，境内外币支付系统实际运行251个工作日，全国支票影像交换系统实际运行246个工作日，此处按实际运行工作日计算，下同。

[3] 同城清算系统包括同城票据交换系统和同城电子清算系统。

境内外币支付系统业务金额平稳增长。2017年，境内外币支付系统共处理业务201.66万笔，处理业务金额1.01万亿美元（折合人民币约为6.75万亿元[1]），同比分别增长1.55%和22.84%。日均处理业务8034.26笔，金额40.13亿美元（折合人民币约为268.75亿元）。

全国支票影像交换系统并入小额支付系统。自2017年9月4日起，银行业金融机构统一通过小额批量支付系统处理全国支票影像交换系统业务。2017年1月1日至9月3日，全国支票影像交换系统共处理业务443.50万笔，金额2456.87亿元。日均处理业务1.80万笔，金额9.99亿元。

（二）其他机构支付系统

银行业金融机构行内支付系统业务量持续增长。2017年，银行业金融机构行内支付系统共处理业务323.13亿笔，金额1 333.69万亿元，同比分别增长25.10%和9.73%。日均处理业务8852.98万笔，金额3.65万亿元。

银行卡跨行支付系统业务量稳步增长。2017年，银行卡跨行支付系统共处理业务293.48亿笔，金额93.85万亿元，同比分别增长23.51%和39.93%。日均处理业务8040.47万笔，金额2571.21亿元。

城市商业银行汇票处理系统和支付清算系统业务笔数增长较快。2017年，城市商业银行汇票处理系统和支付清算系统处理业务[2]3311.46万笔，金额9162.58亿元。日均处理业务

---

[1] 境内外币系统业务量使用每个季度末最后一个交易日的汇率按季度折算为人民币。

[2] 自2017年起，城市商业银行汇票处理系统和支付清算系统业务除统计银行汇票、汇兑、通存通兑外，还统计实时代收付业务。

9.07万笔,金额25.10亿元。

农信银支付清算系统业务笔数保持快速增长。2017年,农信银支付清算系统共处理业务33.49亿笔,金额6.67万亿元,同比分别增长99.23%和22.99%。日均处理业务917.54万笔,金额182.87亿元。

人民币跨境支付系统业务量快速增长。2017年,人民币跨境支付系统处理业务125.90万笔,金额14.55万亿元,同比分别增长97.92%和233.67%。日均处理业务5056.22笔,金额584.50亿元。

网联平台试运行平稳。截至2017年年末,共有248家商业银行和65家支付机构接入网联平台,各支付机构有序将涉及银行账户的网络支付业务从直连通道切换至网联平台。

三、人民币银行结算账户

截至2017年末,全国共开立人民币银行结算账户92.23亿户,同比增长10.43%,增速下降2.91个百分点。

(一) 单位银行结算账户

单位银行结算账户数量总体保持增长,基本存款账户数量在单位银行结算账户中的占比小幅上升,临时存款账户数量持续减少。截至2017年末,全国共开立单位银行结算账户5483.43万户,同比增长11.01%,增速下降0.26个百分点。其中,基本存款账户3792.31万户,一般存款账户1331.11万户,专用存款账户340.96万户,临时存款账户19.05万户,分别占单位银行结算账户总量的69.16%、24.28%、6.22%和0.35%。基本存款账户、一般存款账户、专用存款账户同比分别增长15.53%、1.87%和3.32%,临时存款账户同比下降5.08%。

(二) 个人银行结算账户

个人银行结算账户数量平稳增长。截至 2017 年末，全国共开立个人银行结算账户 91.69 亿户，同比增长 10.42%，增速下降 2.93 个百分点。

附录5：
2020年支付体系运行总体情况

2020年支付业务统计数据显示，全国支付体系运行平稳，社会资金交易规模不断扩大，支付业务量保持稳步增长。

一、银行账户

银行账户数量保持增长。截至2020年末，全国共开立银行账户125.36亿户，同比增长10.43%，增速较上年末下降1.64个百分点。

单位银行账户数量持续增长。截至2020年末，全国共开立单位银行账户7481.30万户，同比增长9.43%，增速较上年度末下降2.31个百分点。其中，基本存款账户5393.64万户，一般存款账户1663.55万户，专用存款账户405.57万户，临时存款账户18.53万户，分别占单位银行账户总量的72.10%、22.24%、5.42%和0.25%。基本存款账户、一般存款账户、专用存款账户、临时存款账户同比分别增长9.77%、8.87%、7.52%和2.60%。

个人银行账户数量稳步增长。截至2020年年末，全国共开立个人银行账户124.61亿户，同比增长10.43%，增速较上年度末下降1.64个百分点。人均拥有银行账户数3达8.90户。

二、非现金支付业务

2020 年,全国银行共办理非现金支付业 3547.21 亿笔,金额 4013.01 万亿元,同比分别增长 7.16% 和 6.18%。

(一) 银行卡

银行卡发卡量稳步增长。截至 2020 年末,全国银行卡在用发卡数量 89.54 亿张,同比增长 6.36%。其中,借记卡在用发卡数量 81.77 亿张,同比增长 6.57%;信用卡和借贷合一卡在用发卡数量共计 7.78 亿张,同比增长 4.26%。借记卡在用发卡数量占银行卡在用发卡数量的 91.31%,较上年末有所上升。全国人均持有银行卡 6.40 张,同比增长 6.01%。其中,人均持有信用卡和借贷合一卡 0.56 张,同比增长 3.91%。

银行卡联网机具数量有所增长。截至 2020 年末,银行卡跨行支付系统联网特约商户 2894.75 万户,联网机具 5 3833.03 万台,较上年末分别增长 257.15 万户、331.34 万台;ATM 机具 6101.39 万台,较上年末减少 8.39 万台。全国每万人对应的联网机具数量 273.78 台,同比增长 9.10%,每万人对应的 ATM 数量 7.24 台,同比下降 7.95%。

银行卡交易量小幅增长。2020 年,全国共发生银行卡交易 73 454.26 亿笔,金额 888.00 万亿元,同比分别增长 7.28% 和 0.18%,日均 9.44 亿笔,金额 2.43 万亿元。其中,存现 54.36 亿笔,金额 41.30 万亿元,同比分别下降 23.28% 和 21.90%;取现 83.12 亿笔,金额 39.67 万亿元,同比分别下降 26.99% 和 23.20%;转账业务 1540.72 亿笔,金额 690.37 万亿元,同比分别增长 6.46% 和 3.86%;消费业务 1776.05 亿笔,同比增长 11.85%,金额 116.66 万亿元,同比下降 0.42%。全年银行卡渗透率为49.18%，较上年上升0.15个百分点。银行卡卡均消费金额1.30万元，同比下降6.38%；银行卡笔均消费金额为656.85元，同比下降10.97%。

银行卡信贷规模保持增长。截至2020年末，银行卡授信总额为18.96万亿元，同比增长9.18%；银行卡应偿信贷余额为7.91万亿元，同比增长4.26%。银行卡卡均授信额度2.44万元，授信使用率为41.73%。信用卡逾期半年未偿信贷总额10 838.64亿元，占信用卡应偿信贷余额的1.06%。

（二）票据

票据业务量总体保持下降趋势。2020年，全国共发生票据业务1.49亿笔，金额123.78万亿元，同比分别下降21.33%和7.49%。其中，支票业务1.26亿笔，金额103.28万亿元，同比分别下降24.96%和9.98%；实际结算商业汇票业务2285.27万笔，金额19.93万亿元，同比分别增长8.47%和9.19%；银行汇票业务18.26万笔，金额1511.59亿元，同比分别下降21.64%和14.10%；银行本票业务36.65万笔，金额4178.90亿元，同比分别下降46.71%和34.90%。

电子商业汇票系统业务量保持增长。2020年，电子商业汇票系统出票2229.75万笔，金额21.36万亿元，同比分别增12.04%和9.56%；承兑2270.94万笔，金额21.86万亿元，同比分别增长11.85%和9.54%；贴现724.44万笔，金额13.38万亿元，同比分别增长6.97%和8.08%；转贴现1033.37万笔，金额44.10万亿元，同比分别增长23.30%和13.80%。质押式回购212.61万笔，金额19.54万亿元，同比分别增长92.35%和62.69%。

（三）贷记转账等其他结算业务

贷记转账等其他结算业务保持稳定增长。2020年，全国银行业金融机构共发生贷记转账、直接借记、托收承付、国内信用证等其他业务91.46亿笔，金额3001.22万亿元，同比分别增长3.46%和8.77%。其中，贷记转账业务87.56亿笔，金额2952.85万亿元。

（四）电子支付

移动支付业务量保持增长态势。2020年，银行共处理电子支付业务2352.25亿笔，金额2711.81万亿元。其中，网上支付业务879.31亿笔，金额2174.54万亿元，同比分别增长12.46%和1.86%；移动支付业务1232.20亿笔，金额432.16万亿元，同比分别增长21.48%和24.50%；电话支付业务2.34亿笔，金额12.73万亿元，同比分别增长33.06%和31.69%。

2020年，非银行支付机构处理网络支付业8272.97亿笔，金额294.56万亿元，同比分别增长14.90%和17.88%。

三、支付系统

2020年，支付系统共处理支付业务7320.63亿笔，金额8195.29万亿元，同比分别增长28.77%和18.73%。

（一）人民银行支付系统

截至2020年末，共有4034家银行加入人民银行支付系统，占银行总量的99.09%，其中2020年新增加入90家银行。2020年，人民银行支付系统共处理支付业务196.68亿笔，金额6016.91万亿元，同比分别增长9.16%和15.43%，分别占支付系统业务笔数和金额的2.69%和73.42%。日均处理业务

5448.92万笔，金额23.71万亿元。

大额实时支付系统业务金额保持增长。2020年，大额实时支付系统处理业务5.12亿笔，金额5647.73万亿元，笔数同比下降53.17%，金额同比增长14.08%。日均处理业务205.78万笔，金额22.68万亿元。

小额批量支付系统业务量快速增长。2020年，小额批量支付系统处理业务34.58亿笔，金额146.87万亿元，同比分别增长31.63%和142.46%。日均处理业务944.94万笔，金额4012.98亿元。

网上支付跨行清算系统业务金额快速增长。2020年，网上支付跨行清算系统共处理业务156.24亿笔，金额203.49万亿元，同比分别增长11.52%和83.71%。日均处理业务4268.93万笔，金额5559.86亿元。

同城清算系统业务量保持下降趋势。2020年，同城清算系统共处理业务0.70亿笔，金额8.54万亿元，同比分别下降75.11%和89.58%。日均处理业务28.21万笔，金额342.84亿元。

境内外币支付系统业务量平稳增长。2020年，境内外币支付系统共处理业务266.45万笔，处理业务金额1.50万亿美元（折合人民币约为10.27万亿元），同比分别增长20.98%和21.57%。日均处理业务1.07万笔，金额60.03亿美元（折合人民币约为410.84亿元）。

(二) 其他支付系统

银行行内支付系统业务金额增长较快。2020年，银行行内支付系统共处理业务169.19亿笔，金额1588.32万亿元，同比分别增长2.73%和30.33%。日均处理业务4622.58万笔，金额

4.34 万亿元。

银行卡跨行支付系统业务量保持增长。2020 年，银行卡跨行支付系统共处理业务 1505.60 亿笔，金额 192.18 万亿元，同比分别增长 11.38% 和 10.70%。日均处理业务 4.11 亿笔，金额 5250.95 亿元。

城市商业银行汇票处理系统和支付清算系统业务量大幅增长。2020 年，城市商业银行汇票处理系统和支付清算系统处理业 755.90 万笔，金额 1.10 万亿元，同比分别增长 58.40% 和 50.31%。日均处理业务 2.07 万笔，金额 30.07 亿元。

农信银支付清算系统业务笔数有所增长。2020 年，农信银支付清算系统共处理业务 17.38 亿笔，金额 2.64 万亿元，笔数同比增长 33.45%，金额同比下降 9.71%。日均处理业务 474.88 万笔，金额 72.25 亿元。

人民币跨境支付系统业务量持续增长。2020 年，人民币跨境支付系统处理业务 220.49 万笔，金额 45.27 万亿元，同比分别增长 17.02% 和 33.44%。日均处理业务 8855.07 笔，金额 1818.15 亿元。

网联清算平台运行平稳。截至 2020 年年末，共有 560 家商业银行和 133 家支付机构接入网联平台。2020 年，网联清算平台处理业务 5431.68 亿笔，金额 348.86 万亿元，同比分别增长 36.63% 和 34.26%。日均处理业务 14.84 亿笔，金额 9531.79 亿元。

附录6：
2022年支付体系运行总体情况

2022年支付业务统计数据显示[1]，全国支付体系运行平稳，银行账户数量、非现金支付业务量、支付系统业务量等总体保持增长。

一、银行账户

银行账户[2]数量小幅增长。截至2022年末，全国共开立银行账户141.67亿户，同比增长3.68%。

单位银行账户数量增长。截至2022年末，全国共开立单位银行账户9246.26万户，同比增长10.91%，增速较上年末下降0.53个百分点。其中，基本存款账户6512.84万户，一般存款账户2238.58万户，专用存款账户475.07万户，临时存款账户19.76万户，同比分别增长9.77%、14.87%、8.87%和4.69%，分别占单位银行账户总量的70.44%、24.21%、5.14%和0.21%。

---

[1] 自2015年起，支付体系运行总体情况按照《支付业务统计指标》金融行业标准披露支付业务数据。

[2] 银行账户均指人民币银行结算账户。

个人银行账户数量增速放缓。截至 2022 年末，全国共开立个人银行账户 140.74 亿户，同比增长 3.64%。

二、非现金支付业务

2022 年，全国银行共办理非现金支付业务[1]4626.49 亿笔，金额 4805.77 万亿元，同比分别增长 5.27% 和 8.84%。

（一）银行卡

银行卡总量小幅增长。截至 2022 年末，全国共开立银行卡 94.78 亿张，同比增长 2.50%。其中，借记卡 86.80 亿张，同比增长 2.76%；信用卡和借贷合一卡 7.98 亿张，同比下降 0.28%。人均[2]持有银行卡 6.71 张，其中，人均持有信用卡和借贷合一卡 0.57 张。

特约商户数量和银行卡受理终端数量有所减少。截至 2022 年末，银联跨行支付系统联网特约商户 2722.85 万户，联网 POS 机具[3]3556.07 万台，ATM 机具[4]89.59 万台，较上年末分别减少 75.43 万户、337.54 万台、5.19 万台。全国每万人拥有

---

[1] 银行非现金支付业务包含票据、银行卡及其他结算业务。其中，其他结算业务包含贷记转账、直接借记、托收承付及国内信用证业务。

[2] 指标涉及人均值时，人数使用国家统计局公布的 2022 年末全国大陆总人口 141175 万人，下同。

[3] 银联跨行支付系统联网特约商户和联网 POS 机具数据来源于中国银联股份有限公司，统计口径为 2022 年第四季度至少发生 1 笔成功交易的商户和 POS 机具数。自 2020 年第一季度起，银联新增统计只能受理二维码的扫码枪、小白盒子、商户静态码等设备和对应的线下联网商户。

[4] 自 2018 年第一季度起，自助柜员机（ATM）数量统计口径调整，不仅统计银行业存款类金融机构布放的在用自助存款机、自助取款机、存取款一体机、自助缴费终端等传统自助设备，新增统计了自助服务终端、可视柜台（VTM）、智能柜台等新型终端设备。

联网POS机具251.89台，同比下降8.61%；每万人拥有ATM机具6.35台，同比下降5.42%。

银行卡交易业务量略有增长。2022年，全国共发生银行卡交易[1]4519.45亿笔，金额1011.94万亿元，同比分别增长5.34%和0.98%。其中，存现业务45.38亿笔，金额33.50万亿元，同比分别下降10.09%和12.79%；取现业务65.08亿笔，金额32.97万亿元，同比分别下降13.87%和11.99%；转账业务1895.54亿笔，金额815.33万亿元，同比分别增长2.68%和3.17%；消费业务2513.44亿笔，同比增长8.42%，金额130.15万亿元，同比下降4.28%。银行卡卡均消费金额1.37万元；银行卡笔均消费金额为517.80元。

银行卡信贷规模有所增长。截至2022年末，银行卡授信总额[2]为22.14万亿元，同比增长5.34%；银行卡应偿信贷余额为8.69万亿元，同比增长0.85%。银行卡卡均授信额度2.78万元，授信使用率[3]为39.25%。信用卡逾期半年未偿信贷总额[4]865.80亿元，占信用卡应偿信贷余额的1.00%。

(二) 票据

票据业务量总体保持下降趋势，商业汇票业务量保持增长。2022年，全国共发生票据业务1.01亿笔，金额98.14万亿元，同比分别下降26.34%和12.88%。其中，支票业务7232.82万笔，金额73.55万亿元，同比分别下降34.10%和18.18%；实际结算商业汇票业务2812.42万笔，金额24.23万亿元，同比分

---

[1] 银行卡交易量为银行卡本外币交易量之和。
[2] 银行卡授信总额为信用卡和借贷合一卡的授信总额之和。
[3] 授信使用率为银行卡应偿信贷余额与银行卡授信总额之比。
[4] 信用卡逾期半年未偿信贷总额指信用卡未足额归还最低还款额，且逾期期限为181天（含）以上的未清偿本金余额，不包含已核销金额。

别增长 5.54% 和 8.82%；银行汇票业务 13.04 万笔，金额 1106.12 亿元，同比分别下降 4.84% 和 20.62%；银行本票业务 16.59 万笔，金额 2536.88 亿元，同比分别下降 31.52% 和 28.64%。

电子商业汇票系统业务金额[1]保持增长。2022 年，上海票据交易所电子商业汇票系统出票 2680.64 万笔，同比下降 0.28%，金额 26.76 万亿元，同比增长 13.79%；承兑 2728.19 万笔，同比下降 0.37%，金额 27.29 万亿元，同比增长 13.76%；贴现 1110.07 万笔，金额 19.45 万亿元，同比分别增长 14.81% 和 29.74%；转贴现 1908.02 万笔，金额 58.20 万亿元，同比分别增长 31.02% 和 24.03%；质押式回购 383.28 万笔，金额 27.77 万亿元，同比分别增长 39.28% 和 27.97%；买断式回购 44.29 万笔，金额 2.13 万亿元，同比分别增长 99.00% 和 66.98%。

（三）贷记转账等其他结算业务

贷记转账等其他结算业务总量保持增长。2022 年，全国共发生贷记转账、直接借记、托收承付以及国内信用证结算业务 106.04 亿笔，金额 3695.69 万亿元，同比分别增长 2.47% 和 11.96%。其中，贷记转账业务 102.07 亿笔，金额 3621.22 万亿元。

（四）电子支付

银行电子支付总量小幅增长。2022 年，银行共处理电子支付[2]业务 2789.65 亿笔，金额 3110.13 万亿元，同比分别增长

---

[1] 电子商业汇票系统业务量数据来自上海票据交易所。
[2] 银行处理的电子支付业务量是指客户通过网上银行、电话银行、手机银行、ATM、POS 和其他电子渠道，从结算类账户发起的账务变动类业务笔数和金额。其中，网上支付是指客户使用计算机等电子设备通过银行结算账户发起的业务笔数和金额。移动支付是指客户使用手机等移动设备通过银行结算账户发起的业务笔数和金额。

1.45%和4.50%。其中，网上支付业务1021.26亿笔，同比下降0.15%，金额2527.95万亿元，同比增长7.39%；移动支付业务1585.07亿笔，同比增长4.81%，金额499.62万亿元，同比下降5.19%；电话支付业务2.45亿笔，金额10.35万亿元，同比分别下降10.53%和11.21%。

2022年，非银行支付机构处理网络支付业务[1]10241.81亿笔，金额337.87万亿元，同比分别下降0.40%和4.95%。

三、支付系统

2022年，支付系统[2]共处理支付业务1.06万亿笔，金额10877.24万亿元，同比分别增长13.85%和15.09%。

（一）人民银行清算总中心系统

2022年，人民银行清算总中心系统共处理支付业务211.31亿笔，同比下降3.33%，金额7889.26万亿元，同比增长19.13%。日均处理业务[3]5842.21万笔，金额30.99万亿元。

大额实时支付系统业务金额保持增长。2022年，大额实时

---

[1] 非银行支付机构处理网络支付业务量包含支付机构发起的涉及银行账户的网络支付业务量，以及支付账户的网络支付业务量，但不包含红包类等娱乐性产品的业务量。自2018年4月1日起，人民银行发布的《条码支付业务规范（试行）》正式实施，自2018年第二季度起，实体商户条码支付业务数据由网络支付调整至银行卡收单进行统计。

[2] 包含人民银行清算总中心系统（大额实时支付系统、小额批量支付系统、网上支付跨行清算系统、境内外币支付系统）、商业银行行内业务系统、银联跨行支付系统、城银清算支付清算系统、农信银支付清算系统、人民币跨境支付系统、网联清算平台。

[3] 2022年大额实时支付系统实际运行250个工作日，境内外币支付系统、人民币跨境支付系统实际运行249个工作日，其他支付系统均实际运行365个工作日，此处按实际运行工作日计算，下同。

附录6： 2022年支付体系运行总体情况

支付系统处理业务4.16亿笔，同比下降13.72%，金额7425.74万亿元，同比增长20.32%。日均处理业务166.32万笔，金额29.70万亿元。

小额批量支付系统业务量有所增长。2022年，小额批量支付系统处理业务41.58亿笔，金额167.72万亿元，同比分别增长7.16%和3.18%。日均处理业务1139.30万笔，金额4595.04亿元。

网上支付跨行清算系统业务金额略有增长。2022年，网上支付跨行清算系统共处理业务165.52亿笔，同比下降5.37%，金额278.65万亿元，同比增长1.79%。日均处理业务4534.68万笔，金额7634.20亿元。

境内外币支付系统业务量保持增长。2022年，境内外币支付系统共处理业务475.43万笔，处理业务金额2.53万亿美元（折合人民币约为17.15万亿元[1]），同比分别增长14.17%和13.10%。日均处理业务1.91万笔，金额101.67亿美元（折合人民币约为688.92亿元）。[2]

（二）其他支付系统

银行行内业务系统业务量有所增长。2022年，银行行内支付系统共处理业务188.60亿笔，金额2183.00万亿元，同比分别增长2.22%和6.21%。日均处理业务5167.04万笔，金额5.98万亿元。

---

[1] 境内外币支付系统业务量折合人民币时使用统计期内最后一个交易日的汇率计算。

[2] 根据人民银行"断直连"工作要求，第三方支付机构全部接入银联或网联系统，商业银行与支付机构之间的业务，城银清算有限公司和农信银资金清算中心成员机构与第三方支付机构之间的业务不再计入商业银行行内业务系统、城银清算支付清算系统和农信银支付清算系统业务量统计。

银联跨行支付系统[1]业务量保持增长。2022年，银联跨行支付系统共处理业务2474.90亿笔，金额251.95万亿元，同比分别增长18.98%和11.01%。日均处理业务6.78亿笔，金额6902.63亿元。

城银清算支付清算系统[2]业务量快速增长。2022年，城银清算支付清算系统处理业务2697.17万笔，金额2.60万亿元，同比分别增长65.79%和38.69%。日均处理业务7.39万笔，金额71.20亿元。

农信银支付清算系统[3]业务笔数快速增长。2022年，农信银支付清算系统共处理业务40.57亿笔，同比增长60.35%，金额3.24万亿元，同比下降1.00%。日均处理业务1111.47万笔，金额88.83亿元。

人民币跨境支付系统[4]业务量保持增长。2022年，人民币跨境支付系统处理业务440.04万笔，金额96.70万亿元，同比分别增长31.68%和21.48%。日均处理业务1.77万笔，金额3883.38亿元。

网联清算平台[5]业务笔数保持增长。2022年，网联清算

---

[1] 银联跨行支付系统数据来自中国银联股份有限公司。自2018年第二季度起，银联跨行支付系统业务笔数仅包含资金清算的交易，不含查询、账户验证等不参与资金清算的交易；自2019年第一季度起，银联跨行支付系统业务量包括支付机构发起的通过银联跨行支付系统处理的涉及银行账户的网络支付业务量。

[2] 城银清算支付清算系统包括原城市商业银行汇票处理系统和支付清算系统，数据来源于城银清算服务有限责任公司。自2017年起，城银清算支付清算系统业务除统计银行汇票、汇兑、通存通兑外，还统计实时代收付业务。

[3] 农信银支付清算系统数据来源于农信银资金清算中心。

[4] 人民币跨境支付系统业务量数据来自跨境银行间支付清算有限责任公司。

[5] 网联清算平台业务量数据来自网联清算有限公司。该数据为支付机构发起的通过网联平台处理的涉及银行账户的网络支付业务量。

平台处理业务 7713.49 亿笔,同比增长 12.98%,金额 450.50 万亿元,同比下降 2.37%。日均处理业务 21.13 亿笔,金额 1.23 万亿元。